普通高等教育工程造价类专业系列教材

施工项目成本管理

主　编　杨嘉玲　张宇帆
参　编　张建平

机械工业出版社

本书根据我国施工项目成本管理的需要，系统介绍了施工项目成本及其管理，阐述了建筑施工企业从招投标至竣工验收结束的成本管理。本书注重理论联系实际，提供了大量例题和习题，并较深入地探讨了如何应用电算工具解题。

本书共9章。第1章介绍施工项目成本及其管理的理论；第2~7章介绍施工项目成本管理的"六大工作内容"——成本预测、成本计划、成本控制、成本核算、成本分析、成本考核的理论与方法；第8章为施工项目结算管理，主要介绍建筑施工企业增加施工项目收入的方法和途径；第9章介绍了一个完整的施工项目成本管理案例。

本书可作为高等院校工程造价、工程管理以及土木工程等建筑类专业的教材，也可作为施工项目管理人员的参考书和有关岗位人员的培训用书。

本书配有 ppt 电子课件、章后习题参考答案，免费提供给选用本书作为教材的授课教师，需要者请登录机械工业出版社教育服务网（www.cmpedu.com）注册下载。

图书在版编目（CIP）数据

施工项目成本管理/杨嘉玲，张宇帆主编. —北京：机械工业出版社，2020.2（2025.1重印）

普通高等教育工程造价类专业系列教材

ISBN 978-7-111-64692-1

Ⅰ.①施… Ⅱ.①杨…②张… Ⅲ.①建筑工程–工程施工–项目管理–成本管理–高等学校–教材 Ⅳ.①F407.967.2

中国版本图书馆 CIP 数据核字（2020）第 023653 号

机械工业出版社（北京市百万庄大街22号　邮政编码100037）
策划编辑：刘　涛　责任编辑：刘　涛　舒　宜　商红云
责任校对：王　欣　封面设计：马精明
责任印制：张　博
北京瑞禾彩色印刷有限公司印刷
2025年1月第1版第8次印刷
184mm×260mm・9.5 印张・229 千字
标准书号：ISBN 978-7-111-64692-1
定价：32.00元

电话服务　　　　　　　　　　网络服务
客服电话：010-88361066　　　机　工　官　网：www.cmpbook.com
　　　　　010-88379833　　　机　工　官　博：weibo.com/cmp1952
　　　　　010-68326294　　　金　书　网：www.golden-book.com
封底无防伪标均为盗版　　　　机工教育服务网：www.cmpedu.com

普通高等教育工程造价类专业系列教材

编审委员会

主任委员：尹贻林

副主任委员：吴佐民　王传生　陈起俊　李建峰　周和生
　　　　　　　刘元芳　邹　坦

委　　员（按姓氏笔画排序）：

马　楠　王来福　李　伟　刘　涛　闫　瑾
严　玲　张建平　张敏莉　陈德义　周海婷
柯　洪　茍志远　晏兴威　徐学东　陶学明
董士波　曾繁伟　解本政　谭敬胜

前　言

施工项目成本管理以实现施工项目成本最优化为目的，研究如何对施工项目从开工到竣工所发生的各项收支进行全面系统的管理。施工项目成本管理是高等院校工程造价、工程管理以及土木工程类专业的必修课程，也是二级造价工程师执业要求的基本技能。

本书根据我国施工项目成本管理的现实需要，在参考同类教材的基础上，对本书的研究对象——施工项目成本及其管理进行了系统介绍。本书定位于施工企业，系统阐述了建筑施工企业从招投标开始至竣工验收结束的成本管理。为体现理论联系实际，书中提供了大量例题和习题，并对如何应用电算工具解题做了较深入探讨。

本书的特点是定位准确、内容体系完整、内在逻辑性强、结构层次分明、文风简洁明了、理论联系实际、适合自学阅读。本书可作为高等院校工程造价、工程管理以及土木工程类专业的教材，也可作为施工项目管理人员的参考书和有关岗位人员的培训用书。

本书由昆明理工大学津桥学院杨嘉玲、张宇帆主编，张建平参编。具体分工是：张建平编写第1章，杨嘉玲编写第3~7章，张宇帆编写第2章、第8章、第9章。

本书在编写过程中参考了现行的规范和相关教材，昆明铁新建设工程管理有限公司范光龙高级工程师提供了第3章中的案例并提出了很好的建议，谨此一并致谢。由于作者水平有限，不足与失误之处在所难免，敬请读者见谅并批评指正。

编　者
2019年9月

目 录

前 言

第1章 施工项目成本管理概述 ……… 1
1.1 施工项目成本的概念 …………… 1
1.2 施工项目成本的构成与分类 …… 2
1.3 施工项目成本管理 ……………… 6
本章总结 ……………………………… 17
思考题及习题 ………………………… 17

第2章 施工项目成本预测 …………… 18
2.1 施工项目成本预测的概念 ……… 18
2.2 施工项目成本预测的作用 ……… 18
2.3 施工项目成本预测的过程 ……… 18
2.4 施工项目成本预测的方法 ……… 19
本章总结 ……………………………… 28
思考题及习题 ………………………… 29

第3章 施工项目成本计划 …………… 31
3.1 施工项目成本计划的概念及分类 ……… 31
3.2 施工项目成本计划的意义和作用 ……… 32
3.3 施工项目目标成本的确定与管理 ……… 32
3.4 施工项目成本计划目标的分解 ………… 34
3.5 成本计划的编制依据与程序步骤 ……… 34
3.6 施工项目成本计划的编制方法 ………… 38
3.7 目标成本的确定与分解示例 …………… 45
本章总结 ……………………………… 51
思考题及习题 ………………………… 51

第4章 施工项目成本控制 …………… 53
4.1 施工项目成本控制概述 ………… 53
4.2 施工项目成本控制的内容 ……… 54
4.3 施工项目成本控制的步骤 ……… 54
4.4 各类费用成本控制的要求 ……… 55

4.5 常用的成本控制分析方法 ……… 56
本章总结 ……………………………… 71
思考题及习题 ………………………… 72

第5章 施工项目成本核算 …………… 74
5.1 施工项目成本核算概述 ………… 74
5.2 施工项目成本核算的要求 ……… 76
5.3 施工项目成本核算的程序 ……… 78
5.4 施工项目成本核算的对象 ……… 81
5.5 施工项目成本核算的方法 ……… 83
本章总结 ……………………………… 99
思考题及习题 ………………………… 99

第6章 施工项目成本分析 …………… 101
6.1 施工项目成本分析的概念 ……… 101
6.2 施工项目成本分析的依据 ……… 101
6.3 施工项目成本分析的方法 ……… 102
6.4 项目综合成本的分析方法 ……… 105
本章总结 ……………………………… 107
思考题及习题 ………………………… 108

第7章 施工项目成本考核 …………… 109
7.1 施工项目成本考核的概念、作用与层次 ……… 109
7.2 施工项目成本考核的原则、内容与流程 ……… 110
7.3 施工项目与项目岗位个体成本考核的方法 …… 112
7.4 施工项目成本绩效考核与激励 ……… 118
本章总结 ……………………………… 121
思考题及习题 ………………………… 121

第8章 施工项目结算管理 …………… 122
8.1 工程价款预付与结算 …………… 122
8.2 施工项目的工程索赔 …………… 127
本章总结 ……………………………… 130
思考题及习题 ………………………… 130

第9章 施工项目成本管理案例 …… 132
9.1 项目工程概况 ………………………… 132
9.2 项目施工方案 ………………………… 133
9.3 项目成本预测 ………………………… 135
9.4 项目成本计划 ………………………… 138
9.5 项目成本控制 ………………………… 139
9.6 项目成本核算 ………………………… 141
9.7 成本管理总结 ………………………… 142

参考文献 ……………………………………… 143

第1章
施工项目成本管理概述

1.1 施工项目成本的概念

1. 成本

中国成本协会（CCA）发布的 CCA2101：2008《成本管理体系术语》中对成本的定义是：为过程增值和结果有效已付出或应付出的资源代价。"资源代价"是一个总和的概念，"资源"是指凡是能被人利用的物质，在一个组织中资源一般包括人力资源、物力资源、财力资源和信息资源等，"应付出的资源代价"是指应该付出但还未付出，而且必然要付出的资源代价。

2. 建筑产品成本

建筑产品成本是建筑施工企业在生产经营过程中发生的有关费用支出。费用是指建筑施工企业为生产建筑产品、提供劳务等日常活动所发生的经济利益的流出，表现为资产的减少或负债的增加。

建筑产品价格是其生产成本的货币表现，有个别价格和交易价格之分。个别价格来源于施工企业的个别成本消耗，交易价格则来源于社会平均成本消耗，只有交易价格才能在市场交易中被采用。建筑产品价格表达为

$$建筑产品价格 = 社会平均成本 + 利润 + 税金 \tag{1-1}$$

$$社会平均成本 = 平均生产成本 + 销售成本 \tag{1-2}$$

价格、成本与利润的关系如图 1-1 所示。

建筑产品价格还有多种表现形式，按价格形成方式分为定额价与清单价；按价格构成形式分为建设项目总造价、单项工程造价、单位工程造价和分部分项工程造价。

现阶段，我国建筑产品的价格形成机制是招标投标机制，在招标投标的不同阶段，建筑产品的价格以不同的形式呈现，代表着不同市场主体的交易意愿，如拦标价（招标控制价）或投标报价、中标价、签约合同价。签约合同价可以认为就是建筑施工企业在此项目上的预期收入。

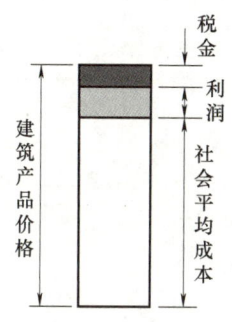

图 1-1 价格、成本与利润的关系

3. 施工项目成本

施工项目成本是指建筑施工企业以施工项目为成本核算对象，在

施工过程中所消耗的生产资料转移价值和劳动者的必要劳动所创造的价值的货币形式。前者是指工程耗用的各种生产资料的价值,后者是指支付给劳动者的报酬。施工项目成本是建设项目总成本的主要组成部分,一般占建设项目总成本的90%以上。

1.2 施工项目成本的构成与分类

1. 施工项目成本的构成

施工项目成本的构成来源于建筑安装工程费用的构成,如图1-2所示。

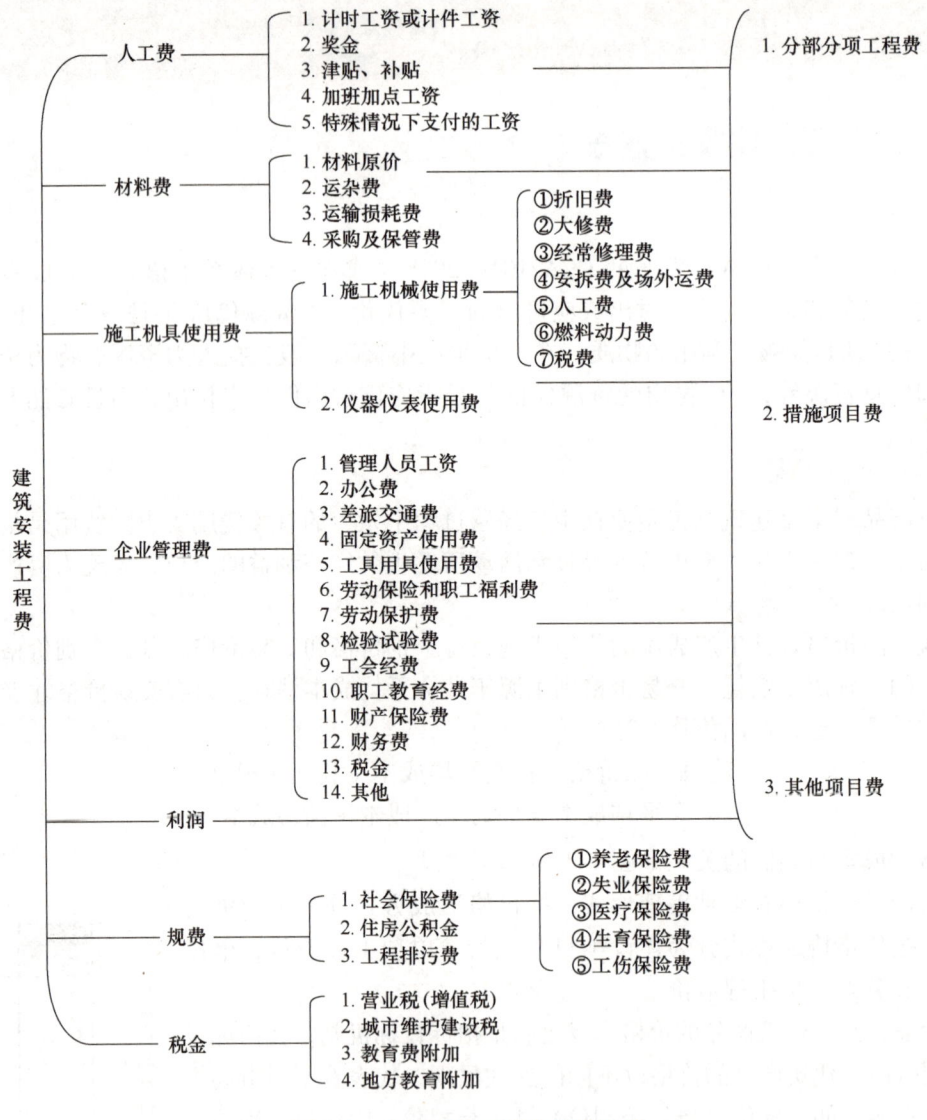

图1-2 建筑安装工程费用的构成

(1) **直接成本** 直接成本是指施工过程中直接耗费的构成工程实体或有助于工程形成的各项支出,包括人工费、材料费、施工机具使用费和措施项目费。

① 人工费。人工费是指按工资总额构成规定支付给从事建筑安装工程施工的生产工人和附属生产单位工人的各项费用，包括计时工资或计件工资、奖金、津贴补贴、加班加点工资、特殊情况下支付的工资 5 项费用。

② 材料费。材料费是指施工过程中耗费的原材料、辅助材料、构配件、零件、半成品或成品、工程设备的费用，包括材料原价、运杂费、运输损耗费和采购及保管费 4 项费用。

③ 施工机具使用费。施工机具使用费是指施工作业所发生的施工机械、仪器仪表使用费或其租赁费，包括折旧费、大修费、经常性修理费、安拆费及场外运费、人工费、燃料动力费和税费 7 项费用。

④ 措施项目费。措施项目费是指为完成建设工程施工，发生于该工程施工前和施工过程中的技术、生活、安全、环境保护等方面的费用，包括安全文明施工费（环境保护费、文明施工费、安全施工费、临时设施费）、夜间施工增加费、二次搬运费、冬雨期施工增加费、已完工程及设备保护费、工程定位复测费、特殊地区施工增加费、大型机械设备进出场及安拆费、脚手架工程费等多项费用。

（2）间接成本　间接成本是指企业及项目经理部为施工准备、组织和管理施工所发生的全部施工间接费支出，包括企业管理费和规费。

① 企业管理费。企业管理费是指建筑安装企业组织施工生产和经营管理所需的费用，包括管理人员工资、办公费、差旅交通费、固定资产使用费、工具用具使用费、劳动保险和职工福利费、劳动保护费、检验试验费、工会经费、职工教育经费、财产保险费、财务费、税金和其他共 14 项费用。

② 规费。规费是指按国家法律、法规规定，由省级政府和省级有关权力部门规定必须缴纳或计取的费用，包括社会保险费（包含养老保险费、失业保险费、医疗保险费、生育保险费、工伤保险费）、住房公积金和工程排污费 3 项费用。

2. 施工项目成本的分类

根据建筑产品的特点和成本管理的要求，施工项目成本可按不同的标准和应用范围分类。

（1）按成本计价的标准分类　施工项目成本按成本计价标准（定额）分为预算成本、计划成本和实际成本。

1）预算成本（Budgeted Cost）。预算成本是指按建筑安装工程实物量和国家或地区或企业制定的预算定额及取费标准计算的社会平均成本或企业平均成本，是以施工图预算为基础进行分析、预测、归集和计算确定的。预算成本包括直接成本和间接成本，是控制成本支出、衡量和考核项目实际成本节约或超支的重要尺度。

预算成本是在招投标阶段形成的价格，如图 1-3 所示。

2）计划成本（Planned Cost）。计划成本是指在预算成本的基础上，根据企业自身的要求，如内部承包合同的规定，结合施工项目的技术特征、自然地理特征、劳动力素质、设备情况等确定的标准成本（也称之为目标成本）。计划成本是控制施工项目成本支出的标准，也是成本管理的目标。

3）实际成本（Actual Cost）。实际成本是指工程项目在施工过程中实际发生的可以列入成本支出的各项费用的总和，是工程项目施工活动中劳动耗费的综合反映。

以上各种成本的计算既有联系，又有区别。预算成本反映施工项目的预计支出，实际成本反映施工项目的实际支出。实际成本与预算成本相比较，可以反映对社会平均成本（或企业平均成本）的超支或节约，综合体现了施工项目的经济效益；实际成本与计划成本的差额即项目的实际成本降低额，实际成本降低额与计划成本的比值称为实际成本降低率；预算成本与计划成本的差额即项目的计划成本降低额，计划成本降低额与预算成本的比值称为计划成本降低率。通过几种成本的相互比较，可以看出成本计划的执行情况。

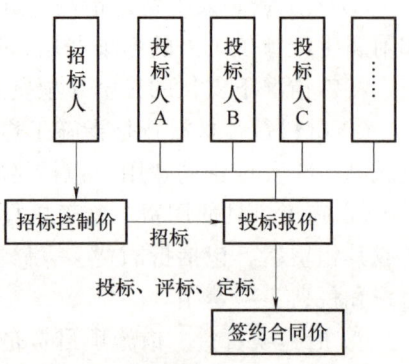

图 1-3　招投标模式下预算成本的形成机制

（2）按成本对象的范围分类　施工项目成本按成本对象的范围不同分为建设项目工程成本、单项工程成本、单位工程成本、分部工程成本和分项工程成本，如图 1-4 所示。

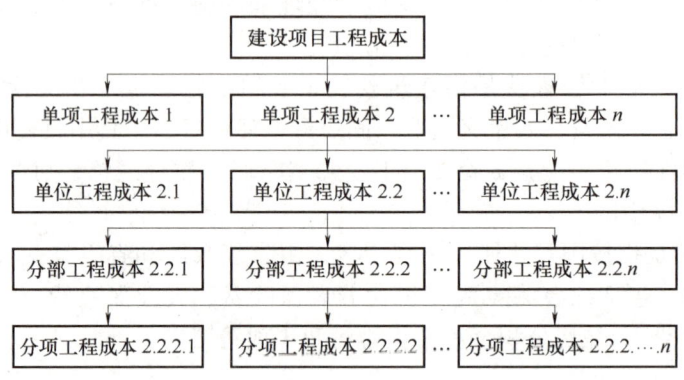

图 1-4　施工项目按成本对象的范围不同分类

1）建设项目工程成本（Construction Project Cost）。建设项目工程成本是指在一个总体设计或初步设计范围内，由一个或几个单项工程组成，经济上独立核算，行政上实行统一管理的建设单位，建成后可独立发挥生产能力或效益的各项工程所发生的施工费用的总和，如某个汽车制造厂的工程成本。

2）单项工程成本（Work Item Cost）。单项工程成本是指具有独立的设计文件，在建成后能可独立发挥生产能力或效益的各项工程所发生的施工费用，如某汽车制造厂内某车间的工程成本、某栋办公楼的工程成本等。

3）单位工程成本（Unit Cost）。单位工程成本是指单项工程内具有独立的施工图和独立施工条件的工程施工中所发生的施工费用，如某车间的厂房建筑工程成本、设备安装工程成本等。

4）分部工程成本（Part Cost）。分部工程成本是指单位工程内按结构部位或主要工种部分进行施工所发生的施工费用，如车间基础工程成本、钢筋混凝土框架主体工程成本、屋面工程成本等。

5）分项工程成本（Activity Cost）。分项工程成本是指分部工程中划分最小施工过程施工时所发生的施工费用，如基础开挖、砌砖、绑扎钢筋等的工程成本，是组成建设项目成本的最小成本单元。

（3）**按完成程度的不同分类**　施工项目成本按工程完成程度的不同分为本期施工成本（含本期已完施工成本、期末未完施工成本）和竣工施工成本。

1）本期施工成本（Current Construction Cost）。本期施工成本是指施工项目在成本计算期间进行施工所发生的全部施工费用，包括本期已完施工成本和期末未完施工成本。

① 本期已完施工成本（Completed Construction Cost）。本期已完施工成本是指在成本计划期间已经完成预算定额所规定的全部内容的分部分项工程成本，包括上期未完成由本期完成的分部分项工程成本，但不包括本期期末的未完成分部分项工程成本。

② 期末未完施工成本（Unfinished Construction Cost）。期末未完施工成本是指已投料施工，但未完成预算定额规定的全部工序和内容的分部分项工程所支付的成本。

2）竣工施工成本（Construction Completion Cost）。竣工施工成本是指已经竣工的单位工程从开工到竣工整个施工期间所支出的成本。

（4）**按费用与工程量的关系分类**　施工项目成本按生产费用与工程量的关系分为固定成本和变动成本。

1）固定成本（Fixed Cost）。固定成本是指在一定期间和一定的工程量范围内发生的成本额不受工程量增减变动的影响而相对固定的成本，如折旧费、大修理费、管理人员工资、办公费等。所谓固定，是对其总额而言的，对于分配到每个项目单位工程量上的固定成本来说，其与工程量的增减成反比例关系。

固定成本通常又分为选择性成本（或称酌量性成本）和约束性成本。

选择性成本是指广告费、培训费、新技术开发费等，这些费用的支出无疑会带来收入的增加，其支出的数量却并非绝对不可变。

约束性成本是通过决策也不能改变其数额的固定成本，如折旧费、管理人员工资等。要降低约束性成本，只有从经济合理地利用生产能力、提高劳动生产率等方面入手。

2）变动成本（Variable Cost）。变动成本是指发生总额随着工程量的增减变动而成正比例变动的费用，如直接用于工程的材料费、实行计件工资制的人工费等。所谓变动也是就其总额而言的，单位分项工程上的变动成本往往是不变的。

将施工项目成本划分为固定成本和变动成本，对于成本管理和成本决策具有重要作用，也是成本控制的前提条件。固定成本是维持生产能力所必需的费用，要降低单位工程量分担的固定费用，可以通过提高劳动生产率、增加企业总工程量数额以及降低固定成本的绝对值等途径来实现。固定成本、可变成本的关系如图 1-5 所示。

（5）**按成本的可控性分类**　施工项目成本按成本的可控性分为可控成本和不可控成本。施工项目所发生的施工生产成本与特定的施工生产部门和施工生产环节相联系，所发生的成本是否为该部门的可控成本，取决于各环节、各部门是否有能力对这些成本进行控制。

能够为特定部门的职能权限所控制的成本称为该部门的可控成本。例如，对于施工过程中发生的材料成本，工程部门所能控制的是材料的消耗量，按照特定价格（如计划价格）及其消耗量计算材料成本，属于工程部门的可控成本。而由于工程部门没有能力也没有责任控制材料价格，由价格变动原因引起的材料成本的变动，则属于工程部门的不可控成本。

可控成本与不可控成本是与特定部门、环节相联系，针对特定的部门、环节而言的，一个部门的不可控成本可能是另一个部门的可控成本。例如，由价格变动引起的材料成本的变

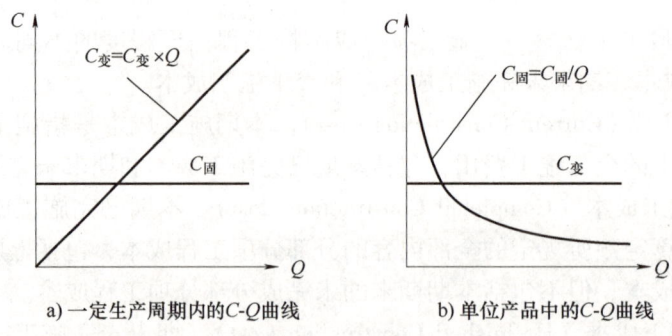

图 1-5　固定成本、可变成本的关系

动对于工程部门而言是不可控成本，对于材料采购部门而言，则应该是可控成本。划分可控成本和不可控成本有助于明确成本责任，便于进行成本考核。

（6）**按费用构成的属性分类**　施工项目成本的以上几种分类并不代表成本分类的全部，还可以按其他方法划分。例如，按照财务制度的规定，根据成本项目的构成属性将施工项目分为人工费、材料费、施工机具使用费、措施项目费和间接成本。

施工企业在工程施工中为提供劳务、作业等过程中所发生的各项费用支出，按照国家规定计入成本费用，施工企业工程成本由直接成本和间接成本组成。

施工企业发生的、不应由施工项目负担的管理费用和财务费用应作为期间费用，直接计入企业的当期损益，不得计入施工项目成本。

需特别指出的是，施工企业的下列支出不得列入施工项目成本，也不可列入企业成本：

① 为购置和建造固定资产、无形资产和其他资产的支出。

② 对外投资的支出。

③ 没收的财物，支付的滞纳金、罚款、违约金、赔偿金，以及企业赞助、捐赠支出；国家法律、法规规定以外的各种税费。

④ 国家规定不得列入成本、费用的其他支出。

1.3　施工项目成本管理

1. 施工项目成本管理的概念

施工项目成本管理是指施工企业结合本行业的特点，以施工过程中直接损耗为原则，货币为主要计量单位，对项目从开工到竣工所发生的各项收、支进行全面系统的管理，以实现项目施工成本最优化目的的过程。

施工项目成本管理可以促进企业改善经营管理水平，合理补偿施工耗费，保证企业再生产的顺利进行。

加强项目成本管理的作用具体表现如下：

① 有利于降低工程成本，提高施工项目的经济效益和社会效益。

② 有利于提高企业经济效益，增强企业发展的原动力。

③ 有利于理顺各种经济关系和落实各种承包责任制。

④ 有利于提高项目管理水平，推动企业管理人才的培养和锻炼。

2. 施工项目成本管理的内容

施工项目成本管理的具体工作内容包括成本预测、成本计划、成本控制、成本核算、成本分析和成本考核6个环节。

（1）成本预测　施工项目成本预测是通过成本信息和工程项目的具体情况，运用一定的专门方法，对未来的成本水平及其可能发展趋势做出科学的估计，其实质就是在施工以前对成本进行核算。施工项目成本预测是施工项目成本决策与计划的依据。

（2）成本计划　施工项目成本计划是项目经理部对施工项目成本进行计划管理的工具，它是以货币形式编制施工项目在计划期内的生产费用、成本水平、成本降低率以及为降低成本所采取的主要措施和规划的书面方案，它是建立施工项目成本管理责任制、开展成本控制和核算的基础。一般来说，一个施工项目成本计划应包括从开工到竣工所必需的施工项目成本水平、成本降低率以及为降低成本所采取的主要措施和规划，它是降低项目成本的指导文件，是设立目标成本的依据。

（3）成本控制　施工项目成本控制是指项目施工过程中，对影响项目成本的各种因素加强管理，并采取各种有效措施将施工中实际发生的各种消耗和支出严格控制在成本计划范围内，随时揭示并及时反馈，严格审查各项费用是否符合标准，计算实际成本和计划成本之间的差异并进行分析，消除施工中的损失与浪费现象，发现和总结先进经验。通过成本控制，使之最终实现甚至超过预期的成本节约目标。施工项目成本控制应贯穿在工程项目从招投标阶段开始直到项目竣工验收的全过程，它是企业全面成本管理的重要环节。

（4）成本核算　施工项目成本核算是指项目施工过程中所发生的各种费用和各种形式项目成本的核算。它包括两部分内容：一是按照规定的成本开支范围对施工费用进行归集，计算出施工费用的实际发生额；二是根据成本核算对象，采用适当的方法计算出该工程项目的总成本和单位成本。项目成本核算所提供的各种成本信息是成本预测、成本计划、成本控制、成本分析和成本考核等各个环节的依据。因此，加强项目成本核算工作，对降低项目成本、提高企业的经济效益有积极的作用。

（5）成本分析　施工项目成本分析是在成本形成过程中，对项目成本进行的对比评价和剖析总结工作。它贯穿于项目成本管理的全过程，也就是说项目成本分析主要利用工程项目的成本核算资料（成本信息）与目标成本（计划成本）、预算成本以及类似的工程项目的实际成本等进行比较，了解成本的变动情况，同时也要分析主要技术经济指标对成本的影响，系统地研究成本变动的因素，检查成本计划的合理性，并通过成本分析，深入揭示成本变动的规律，寻找降低项目成本的途径，以便有效地进行成本控制。

（6）成本考核　施工项目成本考核是指在施工项目完成后，对项目成本形成中的各责任者，按项目成本目标责任制的有关规定，将成本的实际指标与计划、定额、预算进行对比和考核，评定项目成本计划的完成情况和各责任者的业绩，并以此给予相应的奖励和处罚。通过成本考核，做到有奖有惩、赏罚分明，能有效地调动企业的每一个职工在各自的施工管理岗位上努力完成目标成本的积极性，为降低项目成本和增加企业的积累做出自己的贡献。

综上所述，项目成本管理中每个环节都是相互联系和相互作用的。成本预测是成本决策的前提；成本计划是成本决策所确定目标的具体化；成本控制对成本计划的实施进行监督，保证成本目标的实现；成本核算是对成本计划是否实现的最后检验，它所提供的成本信息又为下一个项目成本预测和决策提供基础资料；成本分析是成本控制的基础，通过成本分析，能深入揭示成本变动的规律，可以寻找出降低项目成本的途径；成本考核是实现成本目标责任制的保证和实现成本决策目标的重要手段。

3. 施工项目成本管理的意义

施工项目成本管理是企业管理的核心。搞好成本管理，是增强企业市场竞争实力、提高企业的经济效益的关键。施工项目成本管理通过运用成本预测、成本计划、成本控制、成本核算、成本分析、成本考核等一系列方法和手段，达到施工项目成本管理的"成本最优化、利润最大化、资源最优化"的目的。

施工项目成本管理是项目成功的关键，施工项目成本是项目总成本的重要组成部分，占总成本的90%以上，因此施工项目成本管理的成败实际上就是项目成本管理的失败。施工项目成本管理好了，总成本也就相应节约了。不确定性成本需要进行全面管理和控制，对不确定性成本的管理主要是指对风险性的、难以确定的成本加强预测，制订附加计划，或用不可预见费等手段来进行管理。施工项目成本管理是全员、全过程、全方位的系统管理，它要求将施工过程中发生的一切消耗置于主管人员的控制之下，因此施工项目成本管理有利于企业对施工项目进行全面监督。

施工企业发展离不开施工项目成本管理。施工企业的发展离开了施工项目的利益就如无水的鱼。施工项目的利益是从施工过程中得到的，施工项目成本管理好了，成本节约了，企业得到的利益就多，若相反，则企业得到的利益就少，有时甚至会导致企业倒闭。所以，管理好施工项目成本是施工企业管理的关键。

4. 施工项目成本管理的体系

（1）**施工项目成本管理体系的概念** 施工项目成本管理体系是以组织机构为框架支撑，以资源为基础，通过规定合理的程序和过程而达到一定目的的一系列组织活动的总称。

科学、合理的管理体系不仅是企业生产、经营活动顺利进行的保证，也是达到企业各项生产、经营指标的基础。因此，建立相应的管理体系是企业经营管理活动的重要内容。事实上，企业的生产经营活动的每一个过程都会有质量、工期、成本、安全四项要求，在社会主义市场经济时代，激烈的市场竞争要求企业优质、安全、高速、低成本地完成生产经营任务。这就要求企业"质量、工期、安全、成本"四项指标一起抓。在实际工作中，企业为保证质量、工期、安全，已经建立了相应的质量保证体系和安全保证体系，并采用了网络技术控制工期，但是缺乏相应的成本管理体系。成本管理体系是一个"纵向到底、横向到边"，贯穿整个企业生产经营活动的大体系，犹如质量保证体系人人都负有质量责任一样，人人都应负有成本责任，因此必须要建立相应的成本管理体系。

（2）**施工项目成本管理体系的内容**

1）组织结构。成本管理体系中的组织结构是指企业职工为实现成本管理目标，在相应的管理工作中进行分工协作，在职务范围、责任、权力方面所形成的结构体系。组织结构的本质是职工的分工协作关系。因此，这个结构体系的内容主要包括以下几个方面：

① 职能结构。职能结构即完成成本管理目标所需的各项业务工作及其关系，包括机构设置、业务分工及相互关系。

② 层次结构。层次结构又称组织的纵向结构，即各管理层次的构成。在成本管理工作中，管理层次的多少表明企业组织结构的纵向复杂程度。根据现在大多数建筑施工企业的管理体制，宜设置为3~4个层次，即公司层次、分公司（或工程处）层次、项目部层次、岗

位层次。

③ 部门结构。部门结构又称组织的横向结构，即各管理部门的构成。与成本管理相关的部门主要有生产、计划、技术、劳动、人事、物资、财务、预算、审计及负责企业制度建设工作的部门。

④ 职权结构。职权结构即各层次、各部门在权力和责任方面的分工及相互关系。由于与成本管理相关的部门较多，在纵向结构上层次也较多，因此在确定成本管理的职权结构时，一定要注意权力要有层次，职责要有范围，分工要明确，关系要清晰，防止责任不清造成相互扯皮推诿，影响管理职能的发挥。

2）工作程序。工作程序是指为进行某项活动所规定的途径。在施工项目成本管理活动中，主要工作程序应包括以下几步：

① 确定施工项目责任成本。施工项目责任成本是实施施工项目成本管理的前提和基础，是在推行施工项目成本核算、实施经营效益和管理效益分开的前提下，确定公平、公正、合理的施工项目责任成本的测算、程序和方法。

② 签订项目成本责任合同。为落实成本管理责任和成本管理目标，公司与项目经理部、项目经理部与各岗位人员之间都要签订相应的成本责任合同。公司与项目经理部的成本责任合同以施工项目责任成本为成本控制目标，在此基础上项目经理部要将指标层层分解落实到人，并签订内部岗位成本责任合同。

③ 进行成本计划和成本核算。根据项目责任合同和工程实际情况，在进行成本管理活动前要编制成本计划，根据成本计划开展成本管理活动。成本计划包括工程总计划和分时计划（即年、季、月、旬、日计划）。为了能够对成本管理活动进行有效的控制，同时为了总结经验、教训，改善和提高管理水平，要按成本计划的时段进行成本核算。

④ 管控人工、材料、机械的成本。在企业的施工生产活动中，必然伴随着人力、物力的消耗，如何做到科学、合理地使用人力和物力资源，是成本管理的重点。因此，要对诸如人工费用核算、材料采购、验收、发放、机械租用及核算等一系列工作做程序上的规定，以保证各项工作的规范性。

⑤ 考核成本管理业绩。施工项目成本管理业绩是对施工项目责任成本（也称为施工项目成本责任总额）为基数的考核行为，根据施工项目成本的收支核算和业绩的披露，综合其他管理内容和考核目标，确定施工项目成本管理业绩，并在此项基础上确定和采取激励行为。现在企业的激励一般以物质手段为主，借以实现鼓励先进、推进管理、提高效益的目的。

3）过程管控。成本管理是贯穿整个施工活动而发生的动态过程，是施工管理人员通过对人员、资金、设施、设备、技术和方法等各项生产要素进行合理组合和调度、应用的过程，从而达到优化配置、动态组合的目的，在合理的消耗下完成施工产品的生产。过程控制的步骤和方法通过程序文件予以明确。资源是进行成本管理本身所需要的人员、技术、方法以及成本管理的对象（进行施工生产的过程）所需要的资金设备等，是成本管理的基础，如何合理使用和配置资源正是成本管理的研究内容。

4）体系文件。成本管理体系需要用文件来表述。成本管理体系文件一般包括以下几方面内容。

① 成本管理手册。成本管理手册是企业阐明组织的成本方针，描述其成本体系的文件。

成本管理手册内容应包括：
  a. 成本管理的目的、方针、目标。
  b. 成本管理的组织结构、机构设置、职责权限。
  c. 各类成本管理过程的活动要求，控制与核算方法。
  d. 各类成本管理文件编制要求、文件目录等。
  ② 程序文件。程序文件是企业为落实成本管理手册要求而规定的实施细则。内容应包括：
  a. 企业与成本管理有关的规章制度、管理标准、工作标准。
  b. 各成本管理过程的控制程序、流程、实施办法等，这类文件规定概括为"5W+1H"（What, Who, When, Where, Why, How），即何事、何人、何时、何地、何故、何控。
  ③ 各类作业指导书、相关规程、规定。这类文件属于技术性程序文件，是直接指导操作人员完成成本活动的文件。
  ④ 成本记录。成本记录是对已完成的成本活动提供客观证据的文件，包括各类信息文件、单据（凭证）、传票、报表、数据文件，如进行日常管理所需要的各种计划、报表、原始记录及重大决策的活动记录等。

  (3) **施工项目成本管理体系建立的原则** 施工项目成本管理体系是施工企业建立健全企业管理机制，完善企业组织结构的重要组成部分。建立施工项目成本管理体系是企业搞好成本管理、提高经济效益的重要基础。建立施工项目成本管理体系的目的是通过建立相应的组织机构来规定成本管理活动的目的和范围，即做什么、谁来做、何时、何地、何故做以及如何做（如何控制和记录）。因此，必须遵循以下原则。

  1) 任务目标原则。即不管设立什么部门，配置什么岗位都必须有明确的目标和任务，做到因事设岗，而不能因人设岗。

  2) 分工协作原则。成本管理是一项综合性的管理，它涉及预算、财务、工程等部门，与工期、质量、安全等管理有着千丝万缕的联系。因此，在成本管理体系中相关部门之间必须分工协作，单靠某一部门或仅侧重于某一项管理，成本管理工作是搞不好的。

  3) 责、权、利相符合原则。任何部门的管理工作都与其责、权、利有着紧密的联系。正确处理各个部门在成本管理中的责任、权力及利益分配是搞好成本管理工作的关键，尤其要注意的是，正确处理责、权、利之间的关系必须符合市场经济的原则。

  4) 集权分权原则。在处理上下管理层的关系时，必须将"把必要的权力集中到上级（集权）"与"把恰当的权力分散到下层（分权）"正确地结合起来，两者不可偏废。集权与分权的相对程度与各管理层的人员素质和公司的管理机制有着密切的联系，必须根据实际情况合理考虑，不是越集权越好，也不是越分权越好。

  5) 执行与监督分开原则。执行与监督分开的目的是使成本管理工作公正、公平、公开，确保奖罚合理、到位，防止因个人行为或因缺乏监督导致工作失误或腐败现象产生。

  (4) **项目施工成本管理体系建立的步骤** 根据建立成本管理体系的目的和要求，结合成本管理自身的特点，建立成本管理体系可以概括为两个阶段（或步骤）三个层次。

  1) 第一阶段：建立各层次的组织机构。
  ① 公司层次的组织机构。公司层次的组织机构主要是设计和建立企业成本管理体系，

组织体系的运行，行使管理职能、监督职能。负责确定项目施工责任成本，对成本管理过程进行监督，负责奖罚兑现的审计工作。因此，策划、工程、计划、预算、技术、人事、劳资、财务、材料、设备、审计等有关部门中都要设置相应的岗位，参与成本管理体系工作。公司层次成本管理架构如图1-6所示。

② 项目层次的组织机构。项目层次的组织机构是一个承上启下的结构，是公司层次与岗位层次之间联系的纽带。项目层次实际上是通常所讲的项目经理部的领导层，一般由项目经理、项目副经理、项目总工程师、项目经济师等组成。在项目经理部中，要根据工程规模、特点及公司有关部门的要求设置相应的机构，主要有成本核算、预算统计、物资供应、工程施工等部门，它们在项目经理的领导下，行使双重职能，即在完成自身工作的前提下，行使部分监督核查岗位人员工作情况的职能。

项目经理部的成本管理职能是组织项目部人员，在保证质量、如期完成工程项目施工的前提下，制定措施，落实公司制定的各项成本管理规章制度，完成上级确定的施工成本降低目标。其中，很重要的一项工作是将成本指标层层分解，与项目经理部各岗位人员签订项目经理部内部责任合同，落实到人。项目经理部层次成本管理架构如图1-7所示。

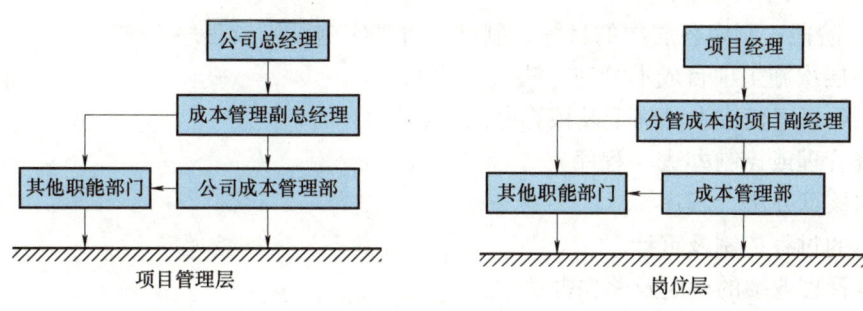

图1-6 公司层次成本管理架构　　图1-7 项目经理部层次成本管理架构

③ 岗位层次的组织机构。岗位层次的组织机构即项目经理部岗位的设置。由项目经理部根据公司的工程施工管理办法及工程项目的规模、特点和实际情况确定。具体人员可以由项目经理部在公司的持证人员中选定。在项目经理部岗位人员由公司调剂的情况下，项目经理部有权提出正当理由，拒绝接受项目经理部认为不合格的岗位工作人员。项目管理岗位人员可兼职，但必须符合规定，持证上岗。项目经理部岗位人员负责完成各岗位的业务工作和落实制度规定的本岗位的成本管理职责和成本降低措施，是成本管理目标能否实现的关键。岗位层次成本管理架构如图1-8所示。

岗位人员负责具体的施工组织和原始数据的收集整理等工作，负责劳务分包及其他分包队伍的管理。因此，岗位人员在日常工作中要注意把管理工作向劳务分包及其他分包队伍延伸，只有共同搞好管理工作，才能确保目标的实现。表1-1列出的是与成本管理工作有关的部门和人员，不同的施工企

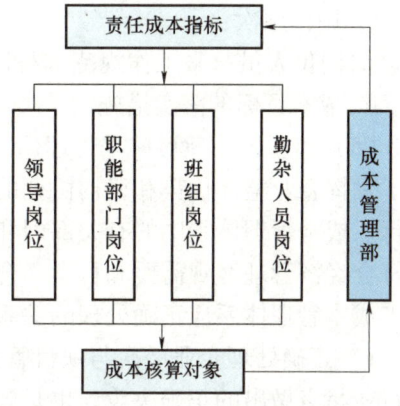

图1-8 岗位层次成本管理架构

业因机构设置不同而有所差异，在实际工作中，可根据需要进行调整。

表 1-1 与成本管理工作有关的部门和人员

第一阶段 设置组织机构		第二阶段 制定目标、制度、管理细则	第一阶段 设置组织机构		第二阶段 制定目标、制度、管理细则
层次	机构名称	主要职责	层次	机构名称	主要职责
公司层次	工程部门 技术部门 财务部门 预算部门 材料部门 劳资部门 审计部门 策划部门	确定项目施工责任成本 制定监督、管理措施 实施过程控制，开展或组织项目施工成本核算 奖罚兑现	项目层次	成本核算组 预算统计组 物资供应组 工程施工组	制订成本目标和成本计划、实施项目施工成本核算 供应物资、机具进行施工管理成本控制 成本核算、报表
			岗位层次	成本会计 预算统计员 施工员 材料员	负责具体工作，对分解的责任目标负责 接受项目经理部的管理和监督

2）第二阶段：制定各层次的目标、制度及管理实施细则或程序文件。

① 公司层次施工项目成本管理办法（程序）：

a. 施工项目责任成本的确定及核算办法（程序）。

b. 物资管理或控制办法（程序）。

c. 成本核算办法（程序）。

d. 成本的过程控制及审计。

e. 成本管理业绩的确定及奖罚办法。

② 项目层次：

a. 目标成本的确定办法（程序）。

b. 材料及机具管理办法（程序）。

c. 成本指标的分解办法及控制措施。

d. 各岗位人员的成本职责。

e. 成本记录的整理及报表程序。

③ 岗位层次：

a. 岗位人员日常工作规范（标准）。

b. 成本目标的落实措施。

（5）建立施工项目成本管理体系应注意的问题　企业建立施工项目成本管理体系，是为了发挥企业整体优势和机构协调的作用，借以指导、推动、保证施工项目成本管理的正常进行。成本管理体系中的有关部门和岗位的设置要符合施工企业的特点和实际情况。要做到在符合经济管理客观需要和科学、合理的条件下，设置管理部门和管理岗位。强调建立项目施工成本管理体系应正确处理的关系及相关的配套系统。

1）正确处理企业层次与项目管理层次的关系。开展施工项目成本管理工作，是企业根据行业特点做出的正确决策，也是施工企业在市场经济条件下，在与外国同行竞争过程中，在否定了过去的不合理的施工项目成本管理模式的情况下而做出的经验总结。因此，在建立成本管理体系时，要正确处理企业层次与项目管理层次之间的关系。企业层次与项目管理层次的关系是委托与被委托关系。项目经理部是受企业法人委托，针对某一工程项目进行施工管理，行使企业赋予的权利和义务，对工程项目施工过程全面负责的施工项目管理者。工程项目的一次性特点决定了项目经理部是企业为履约合同而成立的一次性临时管理机构。

对于企业来讲，要为工程项目顺利施工创造良好的内外环境，包括项目经理部的组织形式，内部模拟市场、要素的管理与供应，奖罚与分配机制等。这都是企业需要研究解决的问题。企业营造了环境，授权项目经理部在现场组织施工。环境的优劣，关系到项目经理部开展工作的难易和结果的好坏。然而，即使环境条件不太好，经过项目经理部的努力，也可以得到好的结果；相反，环境条件挺好，但项目经理部工作不得力，也可能得不到好的结果。因此，既不要过分夸大项目经理部在企业工程项目施工中的管理地位，也不能简单否定项目经理部在施工管理中的积极作用。一个理性的企业要学会应用已熟知的行政管理措施，更要学会用价值规律和市场经济法则中的方法和手段来处理企业层次与项目管理层次之间的管理上和利益上的各种关系。

2）正确处理项目管理层次和劳务分包层次之间的关系。项目管理层次与劳务分包层次之间的关系，从理论上讲，是工程施工要素配置中的经济行为。从实践上讲，劳务分包层次一般由企业从过去的施工队或工区中调整而成，或企业通过市场向社会有关单位或劳务中介机构招聘，并通过资格预审后招标而产生。因此，在对人力要素管理中，项目经理部应有权在企业提供的人力要素范围内选择合格劳务和分包单位。施工过程中项目经理部按项目规模大小和特点确定需要的人力质量和数量，与其建立分包合约关系；也有权按合同的约定条款与其办理初步结算。合约规定的内容一旦完成，项目就要与其脱离关系，因此，对于企业的内部劳务，项目管理层次与其实质上是企业内部模拟市场条件下的一种经济关系，所以不存在上下级或行政隶属关系。

3）完善施工项目成本管理的内部配套工作。项目经理部是一次性的临时机构，因此项目的成本收益也是一次性的。它无法像企业那样从众多商业行为中获得抵御市场风险的能力和相应的风险收益；再者，企业拥有固定的资源和要素，项目经理部只能对供应到本工程项目的要素拥有支配权和处置权。因此，企业要为项目施工成本管理完成内部配套工作，主要有以下工作：

① 确立内部模拟要素市场。

② 剥离项目施工成本中的市场风险。

③ 建立施工项目成本管理体制，完善企业在施工项目成本管理中建立的内部约束、激励机制。

4）配套完善其他的管理系统。由于成本管理纵向贯穿工程投标、施工准备、施工、竣工结算的全过程，横向覆盖企业的经营、技术、物资、财务等管理部门及项目经理部等现场管理部门，涉及面广、周期长，是一项综合性的管理工作，因此在建立施工项目成本管理体系的过程中，要注意以成本管理系统为中心，相应配套完善相关的管理系统，主要有：

① 以确定施工项目责任成本和施工项目成本责任范围为主要任务，建立以预算合约部门牵头，生产、技术、劳资等部门参加的施工项目成本测算管理系统。

② 以确定施工项目成本核算岗位责任和协调成本管理工作为主要任务的企业成本决策和成本管理考核系统。

③ 以落实施工项目成本支出和消耗为主要任务，以财务部门牵头，物资、设备、劳动等部门参加的施工项目成本核算的管理系统。

④ 以建立健全企业内部模拟市场管理为主要任务，以物资部门牵头，设备、劳动等部门参加的工程施工内部要素市场管理系统。

⑤ 以工程各项专业管理为主要任务的企业生产、经营管理系统。

5）认真解决施工项目成本管理工作中出现的问题。施工项目成本管理是一个动态过程，施工项目成本管理在实施过程中，由于生产管理和经营活动的变化，会出现一些计划和预测时未能考虑到的、未能准确定位的、随机发生的、必须解决的问题，如施工项目成本责任总额的调整、工期调整、要素供应中出现的问题、对外索赔问题，以及市场波动对施工项目成本的影响等。因此，企业与项目经理部在实行施工项目成本管理中一定要在动态中解决问题，保证施工项目成本管理工作的正常进行。

5. 施工项目成本管理的控制

（1）施工项目成本管理的流程　根据《建设工程项目管理规范》的规定，施工项目成本的管理按照以下流程进行：

1）项目经理部机构设置和任务分工。项目经理组织有关人员分析工程项目特点和实际情况，根据成本管理手册的编制要求，结合有关的编制依据进行项目经理部机构设置和任务分工。

2）确定本项目的成本管理体系。任何管理工作的顺利进行都要以组织为保障。只有拥有一个完善的、运行有序的严密组织管理体系，才能保证管理工作沿着既定的目标前进。因此，施工项目成本管理体系是否健全有效，是成本管理工作成败的关键。

3）制定目标成本并进行分解，落实到人。根据项目部与公司签订的项目经理责任合同，参照合同确定的方法，结合项目管理水平和工程特点，确定本项目的内控指标即目标成本，并按岗位逐个分解，落实到人。

4）制定岗位职责和项目管理制度。施工项目成本管理组织机构内设有不同的岗位，如施工员、预算员、材料员等。要保证每个岗位的目标明确、工作规范，就必须制定详细的岗位职责。同时，明晰的运行程序和严格的管理制度是成本管理工作顺利进行的基础，因此要制定和完善项目管理制度，如成本核算管理办法、物资采购供应制度等。

5）制定项目部总的成本降低措施和各岗位人员的成本降低措施。只有详尽、切实可行的成本降低措施，才能保证分解到人的指标完成，也只有这样，才能确保总目标的实现。

6）汇总成册，分发到人。把以上各步骤的内容汇总整理，按一定的顺序汇编成册并分发到每一个人，作为施工项目成本管理工作的指南和行为的准则。

（2）建立成本管理流程的依据　施工项目成本管理流程是在每个项目开工前由项目经理组织有关人员（包括主管工程师，成本会计、造价工程师等）建立的。其建立依据是：

1）公司成本体系文件。

2）与业主签订的工程承包合同。

3）施工组织设计或方案。

4）公司与项目签订的内部项目施工责任合同。

5）工程规模、特点及现场实际情况。

（3）施工项目成本管理流程的作用　施工项目成本管理流程是对工程建设过程中发生

的资本运作进行全员、全过程、全方位的科学管理。具体来说,成本管理具有保证、促进、监督和协调四大作用。

1)保证作用。施工项目成本管理流程可以从空间上和时间上对施工项目发生的成本进行监督、调控,发现偏差及时揭示,并采取有效措施进行纠偏。

2)促进作用。施工项目成本管理流程是运用系统原则对在项目实施过程中发生的各种费用进行计算、调节、监督的过程。它同时也是一个发现薄弱环节、挖掘内部潜力、寻求一切可以降低成本的途径的过程。

3)监督作用。施工项目成本管理流程是一个全员、全方位、全过程的管理过程,它要求将企业发生的一切消耗费用置于管理人员监督控制之下。这样也就能起到一定的监督作用。

4)协调作用。要想把成本管理做好,就需要各个部门的配合,只有配合好了,才能有很好的管理效果。

(4)**施工项目成本管理流程手册** 上述施工项目成本管理流程需要编制成"成本管理手册",其内容主要有:

1)工程概况,主要阐述工程规模、结构、特点等。

2)项目组织机构,包括人员配备、岗位设置及资质情况。

3)公司规定的项目承包经营指标,包括项目施工责任成本及各项管理目标,如质量目标、安全目标、工期指标等。

4)项目施工目标成本及管理目标。

5)成本管理运行程序及相应的规章制度。

6)岗位职责及岗位指标。

7)成本降低措施,包括总的成本降低措施及各岗位的成本降低措施。

8)项目施工成本核算办法,包括数据的收集、整理、核实、传递、报表等。

9)奖励制度及各类人员的业绩考核办法。

需要指出的是,由于每个企业或每个工程项目的实际不同,成本管理手册的编制方法或内容可能有所不同,只要成本管理手册真正能起到规范成本管理的作用,达到完成预期成本目标的目的,那么成本管理手册的编制就是成功的。

(5)**施工项目成本管理的路径** 施工项目成本管理是施工企业成本管理的基础和核心,做好施工项目成本管理工作具有很重要的意义,要做好施工项目管理工作就得遵循相关的原则,施工项目成本管理的根本目的在于通过成本管理和各种手段,不断降低施工项目成本,以达到预期的最低成本要求。因此,施工项目成本管理科学化是很重要的,它可以使成本管理更有效率。科学化原则主要是把有关的自然科学理论和社会科学理论、技术、方法运用到管理过程中去。因此,在进行施工项目成本管理时应当以成本管理的工作路径作为指导。施工项目成本管理的工作路径如图 1-9 所示。

6. 施工项目成本管理的措施

为了取得施工项目成本管理的理想成效,应当从多方面采取措施实施管理,通常可以将这些措施归纳为组织措施、技术措施、经济措施和合同措施。

(1)**组织措施** 组织措施是指从施工项目成本管理的组织方面采取的措施。施工项目成本管理是全员的活动,如实行项目经理责任制,落实施工项目成本管理的组织机构和人员，明确各级施工项目成本管理人员的任务和职能分工、权力和责任。施工项目成本管理不仅是专业成本管理人员的工作，各级项目管理人员也负有成本管理责任。

组织措施的另一方面是编制施工项目成本管理工作计划，确定合理详细的工作流程。要做好施工采购规划，通过生产要素的优化配置、合理使用、动态管理，有效控制实际成本；加强施工定额管理和施工任务单管理，控制活劳动和物化劳动的消耗；加强施工调度，避免因施工计划不周和盲目调度造成窝工损失、机械利用率降低、物料积压等而使施工成本增加。成本管理工作只有建立在科学管理的基础之上，具备合理的管理体制、完善的规章制度、稳定的作业秩序、完整准确的信息传递，才能取得成效。因此，组织措施是其他各类措

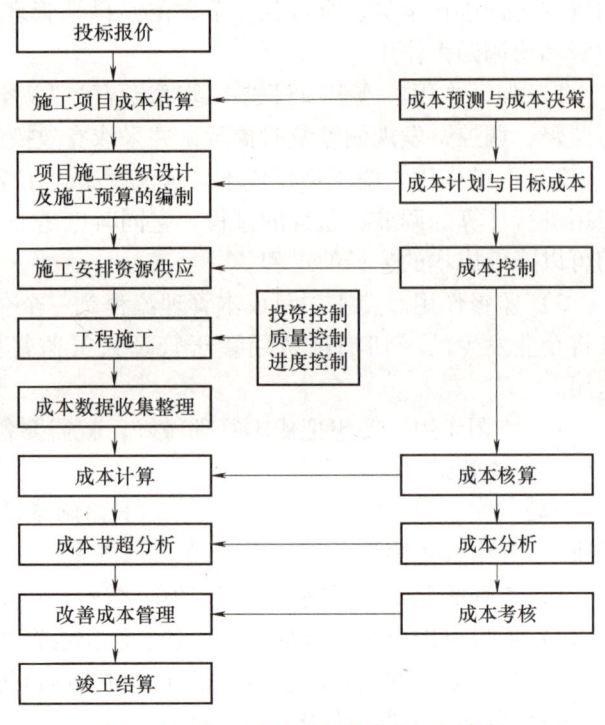

图1-9　施工项目成本管理的工作路径

施的前提和保障，而且一般不需要增加什么费用，运用得当可以收到良好的效果。

（2）**技术措施**　技术措施是指施工过程中降低成本的技术措施，包括：进行技术经济分析，确定最佳的施工方案；结合施工方法，进行材料使用的比选，在满足功能要求的前提下，通过代用、改变配合比、使用添加剂等方法降低材料消耗的费用；确定最合适的施工机械、设备使用方案；结合项目的施工组织设计及自然地理条件，降低材料的库存成本和运输成本；应用先进的施工技术，运用新材料，使用新开发的机械设备等。在实践中，也要避免仅从技术角度选定方案而忽视对其经济效果的分析论证。

技术措施不仅是解决施工项目成本管理过程中的技术问题不可缺少的，而且对纠正施工项目成本管理目标偏差也有相当重要的作用。因此，运用技术纠偏措施的关键是：一要能提出多个不同的技术方案；二要对不同的技术方案进行技术经济分析。

（3）**经济措施**　经济措施是最易为人们接受和采用的措施。管理人员应编制资金使用计划，确定、分解施工项目成本管理目标；对施工项目成本管理目标进行风险分析，并制定防范措施；对各种支出，应认真做好资金的使用计划，并在施工中严格控制各项开支；及时准确地记录、收集、整理、核算实际发生的成本；对各种变更及时做好增减账，及时落实业主签证，及时结算工程款。通过偏差分析和未完工程预测，可发现一些潜在的引起未完工程施工项目成本增加的问题，对这些问题应以主动控制为出发点，及时采取预防措施。由此可见，经济措施的运用绝不仅仅是财务人员的事情，而是项目经理部全体人员的事情。

（4）**合同措施**　采用合同措施控制施工项目成本应贯穿整个合同周期，包括从合同谈判开始到合同终结的全过程。首先是选用合适的合同结构，对各种合同结构模式进行分析、

比较，在合同谈判时，要争取选用适合于工程规模、性质和特点的合同结构模式。其次，在合同的条款中应仔细考虑一切影响成本和效益的因素，特别是潜在的风险因素。通过对引起成本变动的风险因素的识别和分析，采取必要的风险对策，如通过合理的方式，增加承担风险的个体数量，降低损失发生的比例，并最终使这些策略反映在合同的具体条款中。在合同执行期间，既要密切关注对方合同执行的情况，以寻求合同索赔的机会；同时也要密切关注自己履行合同的情况，以防止被对方索赔。

本 章 总 结

  施工成本管理是一项全面、深入、细致的工作，它贯穿于施工项目全过程，不仅需要企业管理层的重视和支持，还需要广大员工的积极配合，并以各项规章制度的贯彻和有效措施的执行作保障。施工项目是施工企业的成本中心，也是利润的主要来源。只有这样，才能促使施工成本不断降低，进而提高企业的整体经济效益，推动企业成本管理水平的提高。

  随着市场经济的发展，如何在激烈的国际竞争中占据有利地位，是摆在我国施工企业面前的严峻课题。施工企业能否在激烈的市场竞争中立于不败之地，关键在于企业能否为社会提供质量高、工期短、造价低的建筑产品，因此建立施工项目成本管理体系非常重要。成本管理是施工项目管理的核心内容，施工项目成本管理贯穿于工程建设自投标阶段直到竣工验收阶段的全过程，它是施工企业全面成本管理的重要环节，必须在施工项目成本管理上给予高度的重视，才能达到提高企业经济效益的目的。

思考题及习题

1.1　什么是施工项目成本？
1.2　施工项目成本可按不同的标准和应用范围分为哪几类？
1.3　什么是施工项目成本管理？
1.4　简述施工项目成本管理的内容。
1.5　你是如何理解施工项目成本管理的？
1.6　什么是施工项目成本管理体系？
1.7　如何建立施工项目成本管理体系？
1.8　什么是施工项目成本管理流程？
1.9　如何建立施工项目成本管理流程？
1.10　建立施工项目成本管理体系和流程有何意义？

第 2 章
施工项目成本预测

2.1 施工项目成本预测的概念

施工项目成本预测是指通过成本信息和施工项目的具体情况，对未来的成本水平及其发展趋势做出科学的估计，其实质是施工项目在开工前对成本进行核算。通过成本预测，使项目经理部在满足业主和企业要求的前提下，为降低施工成本提供决策与计划的依据。

2.2 施工项目成本预测的作用

1. 决策的依据

施工企业在选择投标项目过程中，往往需要根据项目是否盈利、利润大小等诸因素确定是否对工程投标。这样在投标决策时就要估计项目施工成本的情况，通过与施工图概预算的比较，分析出项目是否盈利、利润大小等。

2. 编制成本计划的基础

计划是管理的第一步。因此，编制可靠的计划具有十分重要的意义。但要编制出正确可靠的成本计划，必须遵循客观经济规律，从实际出发对成本做出科学的预测。这样才能保证成本计划不脱离实际，切实起到控制施工成本的作用。

3. 成本管理的重要环节

成本预测是在分析各种经济与技术要素对成本升降影响的基础上，推算成本变化的趋势及其规律性，预测实际成本。它是预测和分析的有机结合，是事后反馈与事前控制的结合。通过成本预测，有利于及时发现问题，找出成本管理中的薄弱环节，采取措施，控制成本。

2.3 施工项目成本预测的过程

科学、准确的预测必须遵循合理的预测过程。成本预测过程如图 2-1 所示。

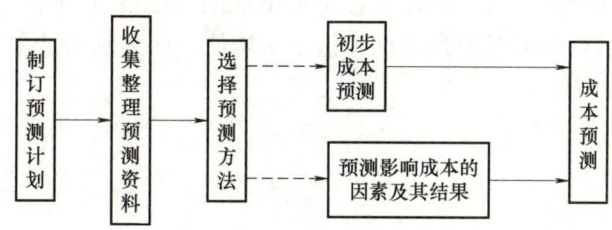

图 2-1 成本预测过程

2.4 施工项目成本预测的方法

施工项目成本预测方法可以分为三大类：定性预测法、定量预测法、详细预测法。

1. 定性预测法

成本定性预测是指成本管理人员根据专业知识和实践经验，通过调查研究，利用已有资料，对成本的发展趋势及可能达到的水平所做出的分析和推断。

定性预测法主要有：经验判断法、主观概率法、调查访问法等。

（1）经验判断法

1）经验评断法。经验评断法是指通过对比过去类似工程的有关数据，并结合现有施工项目的技术资料，经综合分析而预测其成本。

2）专家会议法。专家会议法又称集合意见法，是将有关人员集中起来，针对预测的对象，交换预测工程成本意见。参加会议的人员一般是具有丰富经验，对经营和管理熟悉，并有一定专长的各方面专家。这个方法可以避免依靠个人的经验进行预测而产生的片面影响。若各位专家的预测值出现较大的差距时，一般可采用预测的平均值或加权平均值作为预测结果。

3）调查访问法。调查访问法是通过对过去类似工程的有关数据进行详细调查，了解各项成本组成对该工程的影响状况，并结合现有项目的技术资料推测其成本。

【例 2-1】 某建筑公司承建位于某市的商品楼的主体结构工程（框剪结构）的施工（以下简称 H 工程），建筑面积 $10000m^2$，16 层。

该公司召开由本公司的 9 位专业人员参加的预测会议，预测 H 工程的成本。各位专家的意见分别为：2120，2210，2165，2230，2092，2165，2201，2183，2216（单位：元/m^2）。

试采用专家会议法预测成本。

【解】 （1）按平均值法求解得

$Y_1 = (2120 + 2210 + 2165 + 2230 + 2092 + 2165 + 2201 + 2183 + 2216)$ 元/m^2/9 = 2175.78 元/m^2

（2）由于结果相差较大，经反复讨论，意见集中在 2100 元/m^2（2 人），2165 元/m^2（4 人），2210 元/m^2（3 人），采用上述方法确定预测成本（Y）为

$Y_2 = (2100 \times 2 + 2165 \times 4 + 2210 \times 3)$ 元/m^2/9 = 2165.56 元/m^2

（2）主观概率法 主观概率法是将专家会议法和专家调查法相结合的方法，即允许专

家在预测时可以提出几个估计值,并评定各个值出现的可能性(概率);然后计算各个专家预测值的期望值;最后对所有专家预测期望值求平均值,即为预测结果。计算公式如下:

$$E_i = \sum_{j=1}^{m} F_{ij} P_{ij} \quad (2-1)$$

$$E = \frac{\sum_{i=1}^{n} E_i}{n} \quad (2-2)$$

$$(i = 1, 2, 3, \cdots, n; j = 1, 2, 3, \cdots, m)$$

式中 E_i——第 i 个专家的预测值的期望值;

E——预测结果,即所有专家预测期望值的平均值;

m——允许每个专家做出的估计值的个数;

F_{ij}——第 i 个专家所做出的第 j 个估计值;

P_{ij}——第 i 个专家对第 j 个估计值评定的主观概率;

n——专家数。

【例 2-2】 在例 2-1 中,进一步要求专家对意见集中的三个预测值评定主观概率,然后按主观概率法预测单位成本。各位专家的预测值见表 2-1。

表 2-1 主观概率法专家的预测值

序号	$A = 2100$ 元/m²	$B = 2165$ 元/m²	$C = 2210$ 元/m²	合计	期望值(元/m²)
1	0.8	0.15	0.05		
2	0.85	0.1	0.05		
3	0.7	0.2	0.1		
4	0.25	0.75	0		
5	0.05	0.8	0.15		
6	0.1	0.7	0.2		
7	0.05	0.05	0.9		
8	0.1	0.2	0.7		
9	0.7	0.15	0.15		

【解】 期望值计算见表 2-2。

表 2-2 主观概率法期望值计算表

序号	$A = 2100$ 元/m²	$B = 2165$ 元/m²	$C = 2210$ 元/m²	合计	期望值(元/m²)
1	0.8	0.15	0.05	1.00	$2100 \times 0.8 + 2165 \times 0.15 + 2210 \times 0.05 = 2115.25$
2	0.85	0.1	0.05	1.00	2112.00
3	0.7	0.2	0.1	1.00	2124.00
4	0.25	0.75	0	1.00	2148.75
5	0.05	0.8	0.15	1.00	2168.50
6	0.1	0.7	0.2	1.00	2167.50

(续)

序号	$A=2100$ 元/m²	$B=2165$ 元/m²	$C=2210$ 元/m²	合计	期望值（元/m²）
7	0.05	0.05	0.9	1.00	2202.25
8	0.1	0.2	0.7	1.00	2190.00
9	0.7	0.15	0.15	1.00	2126.25

以各位专家预测值的期望值的平均值作为预测结果 E：

$$E = (2115.25 + 2112.00 + 2124.00 + 2148.75 + 2168.50 + 2167.50 + 2202.25 + \\ 2190.00 + 2126.25) \text{元/m}^2/9$$
$$= 2150.50 \text{ 元/m}^2$$

2. 定量预测法

定量预测也称统计预测，它是根据已掌握的比较完备的历史统计数据，运用一定的数学方法进行科学的加工整理，以揭示有关变量之间的规律性联系，用于预测和推断未来发展变化情况的预测方法。

定量预测偏重于数量方面的分析，重视预测对象的变化程度。

定量预测的主要方法有：移动平均法（包括简单移动平均法、加权移动平均法、二次移动平均法）、指数平滑法、回归分析法（包括一元线性回归法、指数曲线回归法）、高低点法和量本利分析法。

（1）**移动平均法** 所谓移动平均，就是从时间序列的第一项数值开始，按一定项数求出序列平均数，逐项移动，边移动边平均，这样，就可以得出一个由移动平均数构成的新时间序列。它把原有历史数据中的随机因素加以过滤，消除数据中的起伏波动情况，以显示出预测对象的发展方向和趋势。该法一般适用于短期预测，包括一次移动平均法、二次移动平均法、加权移动平均法、趋势修正移动平均法。这里主要介绍简单移动平均法和加权移动平均法。

1）简单移动平均法。简单移动平均法是指利用过去实际发生的数据，在时间上逐点后移，分段平均，作为对下一期的预测值。

① 一次移动平均法的计算公式：

$$M_t = \frac{(X_{t-1} + X_{t-2} + \cdots + X_{t-n})}{N} \tag{2-3}$$

式中 M_t——第 t 期的一次移动平均预测值；

X_{t-n}——第 $t-n$ 期的实际值；

t——期数；

N——分段数据点数。

② 一次移动平均法的递推公式：

$$M_t = M_{t-1} + \frac{(X_{t-1} - X_{t-(n+1)})}{N} \tag{2-4}$$

【例 2-3】 第一建筑工程公司过去 19 个月的实际产值见表 2-3。分别取 $N=5$，$N=10$，用一次移动平均法预测第 20 个月的产值。

表 2-3 过去 19 个月的实际产值

月数	产值 X_i（万元）	M_t（$N=5$）（万元）	M_t（$N=10$）（万元）	月数	产值 X_i（万元）	M_t（$N=5$）（万元）	M_t（$N=10$）（万元）
1	20			11	26		
2	15			12	37		
3	30			13	29		
4	22			14	32		
5	15			15	34		
6	21			16	31		
7	30			17	32		
8	13			18	33		
9	27			19	42		
10	10			20			

【解】 当 $N=5$ 时，第 6 个月的预测值为

$M_6 = (15 + 22 + 30 + 15 + 20)$ 万元$/5 = 20.4$ 万元

$M_7 = M_6 + [X_6 - X_{7-(5+1)}]/5 = 20.4$ 万元 $+ (21-20)$ 万元$/5 = 20.6$ 万元

$M_8 = M_7 + [X_7 - X_{8-(5+1)}]/5 = 20.6$ 万元 $+ (30-15)$ 万元$/5 = 23.6$ 万元

⋮

同理可求得 $M_9, \cdots, M_{20}$。

计算结果见表 2-4。

表 2-4 一次移动平均法预测值计算表

月数	产值 X_i（万元）	M_t（$N=5$）（万元）	M_t（$N=10$）（万元）	月数	产值 X_i（万元）	M_t（$N=5$）（万元）	M_t（$N=10$）（万元）
1	20			11	26	20.2	20.3
2	15			12	37	21.2	20.9
3	30			13	29	22.6	23.1
4	22			14	32	25.8	23.0
5	15			15	34	26.8	24.0
6	21	20.4		16	31	31.6	25.9
7	30	20.6		17	32	32.6	26.9
8	13	23.6		18	33	31.6	27.1
9	27	20.2		19	42	32.4	29.1
10	10	21.2		20		34.4	30.6

根据表中实际值与预测值的对比分析可得：

① N 取值大，反应慢，对新数据缺乏适应性；N 取值小，反应灵敏，易把偶然因素当成趋势。

② 数据点数多，N 取大些；数据点数少，N 取小些。

③ 根据积累的经验确定 N 的取值，时间序列若有周期性波动，取此周期为 N。

2）加权移动平均法。加权移动平均法是在计算移动平均值时，对于时间序列赋予不同的权重，越是近期发生的数据对预测值的影响越大，故而权重越大。其公式如下：

$$M_t = \frac{(a_1 X_{t-1} + a_2 X_{t-2} + \cdots + a_n X_{t-n})}{N} \quad (2-5)$$

式中　a_i——加权系数，$a_1 > a_2 > \cdots > a_N$，$\sum a_i / N = 1$。

其余同前。

【例 2-4】　对例 2-3，取 $N=5$，采用加权移动平均法预测第 20 个月的产值（见表 2-5）。权重分别为 1.6, 1.3, 1.0, 0.7, 0.4。

表 2-5　过去 19 个月的实际产值

月数	产值 X_i（万元）	M_t（$N=5$）（万元）	月数	产值 X_i（万元）	M_t（$N=5$）（万元）
1	20		11	26	
2	15		12	37	
3	30		13	29	
4	22		14	32	
5	15		15	34	
6	21		16	31	
7	30		17	32	
8	13		18	33	
9	27		19	42	
10	10		20		

【解】　第 6 个月的预测值为

$M_6 = (1.6 \times 15 + 1.3 \times 22 + 1.0 \times 30 + 0.7 \times 15 + 0.4 \times 20)$ 万元 $/5 = 20.22$ 万元

第 7 个月的预测值为

$M_7 = (1.6 \times 21 + 1.3 \times 15 + 1.0 \times 22 + 0.7 \times 30 + 0.4 \times 15)$ 万元 $/5 = 20.42$ 万元

同理可计算出第 8~20 个月的预测值，见表 2-6。

表 2-6　加权移动平均法预测值计算表

月数	产值 X_i（万元）	M_t（$N=5$）（万元）	月数	产值 X_i（万元）	M_t（$N=5$）（万元）
1	20		11	26	18.70
2	15		12	37	20.54
3	30		13	29	25.42
4	22		14	32	27.66
5	15		15	34	29.62
6	21	20.22	16	31	32.26
7	30	20.42	17	32	32.18
8	13	23.54	18	33	31.90
9	27	20.02	19	42	32.40
10	10	22.16	20		35.48

（2）指数平滑法　指数平滑法也叫指数修正法，是在移动平均法基础上发展起来的一种预测方法，是移动平均法的改进形式。使用移动平均法有两个明显的缺点：一是它需要有大量的历史观察值的储备；二是要对近期的观察值给予较大的权数。指数平滑法就是既不需要大量的历史观察值，又可以满足这种加权法的移动平均预测法。指数平滑法又分为：一次指数平滑法、二次指数平滑法和三次指数平滑法。这里主要介绍一次指数平滑法，其基本公式为

$$F_{t+1} = aX_t + (1-a)F_t \tag{2-6}$$

式中　F_{t+1}——$t+1$ 时期的预测值，也是 t 时期的指数平滑值。

　　　a——平滑系数，$0 \leq a \leq 1$；

　　　X_t——t 时期的实际发生值；

　　　F_t——t 时期的预测值，也是 $t-1$ 时期的指数平滑值。

【例 2-5】　对例 2-3，采用一次指数平滑法预测第 20 个月的产值。分别取 $a=0.1$，$a=0.9$ 计算。

【解】　在计算式中 $X_1,X_2,\cdots,X_{19}$ 分别代表 1，2，…，19 月份的实际产值，当 $a=0.1$ 时，设 $F_1=X_1=20$ 万元，计算得

$$F_2 = aX_1 + (1-a)F_1 = 0.1 \times 20 \text{ 万元} + (1-0.1) \times 20 \text{ 万元} = 20 \text{ 万元}$$

$$F_3 = aX_2 + (1-a)F_2 = 0.1 \times 15 \text{ 万元} + (1-0.1) \times 20 \text{ 万元} = 19.5 \text{ 万元}$$

$$\vdots$$

$$F_{20} = aX_{19} + (1-a)F_{19} = 0.1 \times 42 \text{ 万元} + (1-0.1) \times 26.8 \text{ 万元} = 28.3 \text{ 万元}$$

同理可计算出当 $a=0.1$ 时第 4~20 个月的预测值及当 $a=0.9$ 时第 2~20 个月的预测值，见表 2-7。

表 2-7　一次指数平滑法 t 时期的预测值计算表

月数	产值 X_i（万元）	$a=0.1$（万元）	$a=0.9$（万元）	月数	产值 X_i（万元）	$a=0.1$（万元）	$a=0.9$（万元）
1	20			11	26	20	11.6
2	15	20	20	12	37	20.6	24.6
3	30	19.5	15.5	13	29	22.2	35.8
4	22	20.6	28.6	14	32	22.9	29.7
5	15	20.7	22.7	15	34	23.8	31.8
6	21	20.1	15.8	16	31	24.8	33.8
7	30	20.2	20.5	17	32	25.4	31.3
8	13	21.2	29.1	18	33	26.1	31.9
9	27	20.4	14.6	19	42	26.8	32.9
10	10	21.1	25.8	20		28.3	41.1

（3）回归分析法　回归分析是根据已知的历史统计数据资料，研究测定客观现象的两个或两个以上变量之间的一般关系，寻求其发展变化的规律性所使用的一种数学方法。利用

回归分析法进行预测，称之为回归预测。常用的回归预测法有一元回归预测和多元回归预测。这里仅介绍一元线性回归预测法。

一元线性回归的基本公式为

$$Y = a + bx \tag{2-7}$$

$$a = \frac{\sum Y_i - b\sum X_i}{N} \tag{2-8}$$

$$b = \frac{\sum X_i Y_i - \overline{X_i}\sum Y_i}{\sum X_i^2 - \overline{X_i}\sum X_i} \tag{2-9}$$

式中　Y——预测成本；

　　　X_i——自变量的历史数据；

　　　Y_i——相应的因变量的历史数据；

　　　N——所采用的历史数据的组数；

　　　$\overline{X_i}$——X_i 的平均值，$\overline{X_i} = \sum X_i / N$。

【例 2-6】　某公司欲投标承建某教学楼工程，主体是砖混结构，建筑面积为 3000m²。在投标之前，该公司收集总结的近期砖混工程的成本资料见表 2-8。试用一元线性回归法对该教学楼项目进行施工总成本的预测和分析。

表 2-8　某公司近期砖混工程的成本资料

工程名称	建筑面积 X_i/m²	实际总成本 Y_i（万元）	$X_i Y_i$	X_i^2
A1	2000	171.20		
A2	3200	271.04		
A3	3800	329.46		
A4	2700	235.17		
A5	4000	334.80		
A6	5000	435.30		
合计	20700	1776.97		

【解】　以建筑面积为自变量，实际总成本为因变量，根据回归方程计算 $X_i Y_i$ 和 X_i^2，结果见表 2-9。

表 2-9　某公司砖混工程成本预测计算表

工程名称	建筑面积 X_i/m²	实际总成本 Y_i（万元）	$X_i Y_i$	X_i^2
A1	2000	171.20	342400	4000000
A2	3200	271.04	867328	10240000
A3	3800	329.46	1251948	14440000
A4	2700	235.17	634959	7290000
A5	4000	334.80	1339200	16000000
A6	5000	435.30	2176500	25000000
合计	20700	1776.97	6612335	76970000

根据表 2-9，利用回归系数计算公式，可得

$$b = \frac{\sum X_i Y_i - \overline{X_i} \sum Y_i}{\sum X_i^2 - \overline{X_i} \sum X_i} = \left(\frac{6612335 - 20700/6 \times 1776.97}{76970000 - 20700/6 \times 20700}\right) 万元/m^2 = 0.087 \, 万元/m^2$$

$$a = \frac{\sum Y_i - b \sum X_i}{N} = \left(\frac{1776.97 - 0.087 \times 20700}{6}\right) 万元 = -3.99 \, 万元$$

则回归预测模型为：$Y = 0.087X - 3.99$

该工程的预测总成本为：$Y = (0.087 \times 3000 - 3.99)$ 万元 $= 257.01$ 万元

(4) **高低点法** 高低点法是成本预测的常用方法。它是根据统计资料中完成业务量（产量和产值）最高和最低两个时期的成本数据，通过计算总成本中的固定成本、变动成本和变动成本率来预测成本的。其基本公式为

$$变动成本率(b) = \frac{最高点总成本 - 最低点总成本}{最高点产值 - 最低点产值} \tag{2-10}$$

$$固定成本(a) = Y_{t-1} - bX_{t-1} \tag{2-11}$$

$$总成本(Y) = 固定成本(a) + 变动成本(bX) \tag{2-12}$$

【例 2-7】 某项目同类项目的产值和成本历史统计数据见表 2-10，该项目 2019 年合同价为 8950 万元，试采用高低点法预测 2019 年的成本。

表 2-10 某项目同类项目的产值和成本历史统计数据表

年 份	2012 年	2013 年	2014 年	2015 年	2016 年	2017 年	2018 年
施工产值 X（万元）	5100	5500	6000	6600	6700	6900	7150
总成本 Y（万元）	4907	4960	5420	5960	6160	6279	6578

【解】 根据高低点法公式计算得

$$变动成本率(b) = \frac{最高点总成本 - 最低点总成本}{最高点产值 - 最低点产值} = \frac{(6578 - 4907) 万元}{(7150 - 5100) 万元} = 0.8151$$

$$a = Y_{t-1} - bX_{t-1} = (6578 - 0.8151 \times 7150) \, 万元 = 750.035 \, 万元$$

$$Y = a + bX = (750.035 + 0.8151 \times 8950) \, 万元 = 8045.18 \, 万元$$

【例 2-8】 某项目本企业同类项目产值和历史成本见表 2-11，试采用高低点法做出项目的成本预测。该项目的合同价为 1950 万元。

表 2-11 某项目本企业同类项目产值和历史成本

期 数	1	2	3	4	5
施工产值（万元）	1700	1720	1750	1820	2000
总成本（万元）	1650	1670	1700	1750	1850

【解】 $b = (1850 - 1650) 万元 / (2000 - 1700) 万元 = 0.6667$

$a = (1850 - 0.6667 \times 2000) 万元 = 516.6 \, 万元$

$Y = a + bX = 516.6 + 0.6667X$

该项目的预测成本

$$Y = (516.6 + 0.6667 \times 1950) 万元 = 1816.67 万元$$

(5) **量本利分析法** 量本利分析，全称为产量成本利润分析，又称盈亏平衡分析。用于施工项目成本管理中，可以分析项目的工程量、成本及合同价格之间的相互关系，预测项目的利润水平，为项目成本计划和成本决策提供依据。

量本利分析的核心是盈亏平衡点的分析。盈亏平衡点是指企业的销售收入等于总成本，即利润为零时的销售量。以盈亏平衡点为界限，销售收入高于此点企业盈利，反之企业亏损。因此，盈亏平衡点的销售量越低，实现盈利的可能性越大。

量本利分析的基本公式为

$$E = (p - b)Q - a \tag{2-13}$$

式中 E——利润；
p——销售单价；
b——单位变动成本；
Q——产量；
a——固定成本。

根据盈亏平衡点定义，企业的产量处在盈亏平衡点时，企业的利润为零，即企业不亏不盈。则产量盈亏平衡点为

$$Q_0 = a/(p - b) \tag{2-14}$$

式中 Q_0——产量盈亏平衡点。

将上式用图形表示，即为盈亏平衡图，如图 2-2 所示。

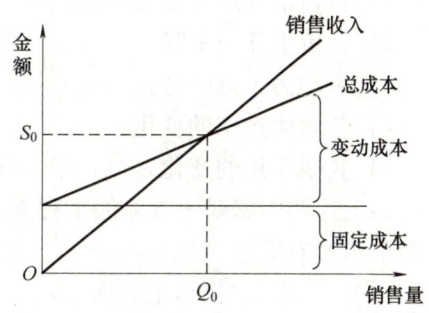

图 2-2 盈亏平衡图

【例 2-9】 某企业统计的资料，承建一栋普通住宅楼工程的单位面积平均变动成本 450 元/m²，固定成本 20 万元，单位面积合同价 650 元，试确定拟投标工程的建筑面积不得低于多少？若某工程建筑面积为 1500m²，试确定承建该工程的预期利润。

【解】 施工项目保本建筑面积为

$$Q_0 = a/(p - b) = 200000 元/(650 - 450) 元/m^2 = 1000m^2$$

施工项目建筑面积为 1500m² 时的预期利润为

$$E = (p - b)Q - a = (650 - 450) 元/m^2 \times 1500m^2 - 200000 元 = 10 万元$$

3. 详细预测法

详细预测法通常是对施工计划工期内影响其成本变化的各个因素进行分析，参照最近已完工类似项目的施工成本，预测这些因素对施工成本中有关费用项目的影响程度，然后用比例法进行计算，预测出目前对象工程的单位成本或总成本。

下面以某公司 M 工程成本预测为例说明该方法的应用。

(1) **最近期类似施工项目的成本调查或计算** 某公司在某地区承建了一项 M 工程，总建筑面积 10000m²，欲预测其成本。经调查，该公司在该地区最近期类似项目是某住宅楼工

程，其施工成本为 1050 元/m²。

（2）结构和建筑上的差异修正　由于对象工程和参照工程建筑结构上的差异，需要修正参照工程成本，其计算公式为

对象工程差异修正成本 = 参照工程成本 + 差异部分的量 ×（对象工程该部分成本 −
参照工程该部分成本）÷ 对象工程建筑面积

(2-15)

【例 2-10】　M 工程采用的是铝合金窗，面积 1000m²，铝合金窗成本 400 元/m²，原住宅楼工程采用的是木窗，木窗成本 200 元/m²。差异修正如下：

M 工程修正的单位成本 = [1050 + 1000 × (400 − 200) ÷ 10000] 元/m² = 1070 元/m²

（3）预测影响工程成本的因素　在工程施工过程中，影响工程成本的主要因素可以概括为以下几方面：

1）材料消耗定额增加或降低。
2）物价上涨或下降。
3）劳动力工资的增长。
4）劳动生产率的变化。
5）其他费用的变化。

以上这些因素对于具体的工程来说，不一定都发生，要根据不同的工程情况分析影响该工程的因素有哪些。

（4）预测影响因素的影响程度　各因素对成本影响程度的计算公式如下：

1）材料价格变化引起的成本变化率 = 材料费占成本比例 × 材料价格变化率。
2）消耗定额变化引起的成本变化率 = 材料费等占成本比例 × 消耗定额变化率。
3）劳动力工资变化引起的成本变化率 = 人工费占成本比例 × 平均工资增长率。

其他因素对成本影响程度的计算公式与此相类似。

【例 2-11】　以 M 工程为例，假设 M 工程材料费占成本比例 60%，材料价格上涨 10%；人工费占成本比例 15%，平均工资增长 20%；则材料价格变化引起的成本变化率 = 60% × 10% = 6%；劳动力工资变化引起的成本变化率 = 15% × 20% = 3%。

（5）计算预测成本　预测成本的计算公式为

对象工程预测成本 = 对象工程差异修正成本 × ∑（1 + 因素对成本的影响程度）

(2-16)

【例 2-12】　M 工程的预测成本 = 1070 元/m² × (1 + 6% + 3%) = 1166.3 元/m²。

本章总结

施工成本预测是成本事前的预测分析，是对项目施工进行事前控制的重要手段。它具体

是指通过取得的数据资料，运用统计分析数学模型的方法，借助计算机对成本水平做出科学的估计。它可以在满足项目业主和本企业要求的前提下，选择成本低、效益好的最佳成本方案，并能够在施工项目成本形成过程中，针对薄弱环节，加强成本控制，克服盲目性，提高预见性。因此，施工成本预测是施工项目成本决策与计划的依据。施工成本预测通常是对施工项目计划工期内影响其成本变化的各个因素进行分析，比照近期已完工施工项目或将完工施工项目的成本（单位成本），预测这些因素对工程成本中有关项目的影响程度，预测出工程的单位成本或总成本。

思考题及习题

2.1 甲建筑公司承建某框剪结构商品楼（建筑面积20000m^2，33层）。该公司召开由本公司的9位专业人员参加的预测会议预测该工程的成本。由于结果相差较大，经反复讨论，意见集中在2700元/m^2（3人），2755元/m^2（3人），2810元/m^2（3人），各位专家的预测值见表2-12。试据此确定预测成本（Y）。

表2-12 专家的预测值

专家序号	A = 2700 元/m^2	B = 2750 元/m^2	C = 2810 元/m^2	合计	期望值
1	0.7	0.15	0.15		
2	0.05	0.05	0.9		
3	0.1	0.2	0.7		
4	0.1	0.7	0.2		
5	0.05	0.8	0.15		
6	0.8	0.15	0.05		
7	0.7	0.2	0.1		
8	0.25	0.75	0		
9	0.85	0.1	0.05		

2.2 乙建筑工程公司过去19个月的实际产值见表2-13。分别取$N=5$，$N=10$，试用一次移动平均法预测第20个月的产值。

表2-13 过去19个月的实际产值

月数	产值X_i（万元）	M_t（$N=5$）（万元）	M_t（$N=10$）（万元）	月数	产值X_i（万元）	M_t（$N=5$）（万元）	M_t（$N=10$）（万元）
1	30			11	32		
2	22			12	34		
3	15			13	26		
4	13			14	37		
5	27			15	29		
6	10			16	33		
7	21			17	42		
8	30			18	31		
9	20			19	32		
10	15			20			

2.3 丙公司拟投标承建某中学教学楼工程，四层框架结构，建筑面积为5000m²。在投标之前，该公司收集总结的近期框架结构教学楼工程的成本资料见表2-14。试用一元线性回归法对该教学楼项目进行施工总成本的预测和分析。

表2-14 近期框架结构教学楼工程的成本资料

工程名称	建筑面积 X_i/m^2	实际总成本 Y_i（万元）	$X_i Y_i$	X_i^2
A1	2000	171.20		
A2	3200	271.04		
A3	3800	329.46		
A4	2700	235.17		
A5	4000	334.80		
A6	5000	435.30		
∑	20700	1776.97		

2.4 某项目同类项目的产值和成本历史统计数据见表2-15，该项目2019年合同价为8950万元，试根据相关数据利用高低点法做出该项目2019年成本的预测。

表2-15 某项目同类项目的产值和成本历史统计数据表

年 份	2012年	2013年	2014年	2015年	2016年	2017年	2018年
施工产值 X（万元）	5100	5500	6000	6600	6700	6900	7150
总成本 Y（万元）	4907	4960	5420	5960	6160	6279	6578

2.5 丁公司施工的砖混结构工程的量本利分析模型：$C_f = 347268$ 元，$C_V = 714$ 元/m²，当年砖混结构工程的合同价为 $p = 930$ 元/m²。据此建立乙公司的量本利分析图，计算保本规模。若该施工项目的建筑面积为2000m²，试通过量本利分析模型分析估算总成本及可达到的利润。

第 3 章
施工项目成本计划

3.1 施工项目成本计划的概念及分类

施工项目成本计划是在成本预测基础上，以货币形式编制的施工项目从开工到竣工计划支出的施工费用，是指导施工项目降低成本的技术经济文件，是施工项目目标成本的具体化。

施工项目成本计划是在多种成本预测的基础上，经过分析、比较、论证、判断之后，以货币形式预先规定计划期内项目施工的耗费和成本所要达到的水平，并且确定各个成本项目预计要达到的降低额和降低率，提出保证成本计划实施所需要的主要措施方案。

施工项目成本计划是项目成本管理的一个重要环节，是实现降低项目成本任务的指导性文件，也是项目成本预测的继续。

施工项目成本计划的过程是动员项目经理部全体职工，挖掘降低成本潜力的过程，也是检验施工技术质量管理、工期管理、物资消耗和劳动力消耗管理等效果的全过程。

对于一个施工项目而言，其成本计划是一个不断深化的过程。在这一过程的不同阶段形成深度和作用不同的成本计划，按其作用可分为以下三类：

(1) 竞争性成本计划　竞争性成本计划即工程项目投标及签订合同阶段的估算成本计划。这类成本计划以招标文件中的合同条件、投标者须知、技术规程、设计图或工程量清单等为依据，以有关价格条件说明为基础，结合调研和现场考察获得的情况，根据本企业的工料消耗标准、水平、价格资料和费用指标，对本企业完成招标工作所需要支出的全部费用进行估算。在投标报价过程中，虽也着力考虑降低成本的途径和措施，但总体上较为粗略。

(2) 指导性成本计划　指导性成本计划即选派项目经理阶段的预算成本计划，是项目经理的责任成本目标。它是以合同标书为依据，按照企业的预算定额标准制定的设计预算成本计划，且一般情况下只是确定责任总成本指标。

(3) 实施性成本计划　实施性成本计划即项目施工准备阶段的施工预算成本计划，它是以项目实施方案为依据，落实项目经理责任目标为出发点，采用企业的施工定额，通过施工预算的编制而形成的实施性施工成本计划。

施工预算和施工图预算虽仅一字之差，但区别较大，具体如下：

1) 编制的依据不同。施工预算的编制以施工定额为主要依据，施工图预算的编制以预算定额为主要依据；而施工定额比预算定额划分得更详细、更具体，并对其中所包括的内容，如质量要求、施工方法以及所需劳动工日、材料品种、规格型号等均有较详细的规定或要求。

2）适用的范围不同。施工预算是施工企业内部管理用的一种文件，与建设单位无直接关系；而施工图预算既适用于建设单位，又适用于施工单位。

3）发挥的作用不同。施工预算是施工企业组织生产、编制施工计划、准备现场材料、签发任务书、考核工效、进行经济核算的依据，也是施工企业改善经营管理、降低生产成本和推行内部经营承包责任制的重要手段；而施工图预算则是投标报价的主要依据。

以上三类成本计划互相衔接和不断深化，构成了整个工程施工成本的计划过程。其中，竞争性计划成本带有成本战略的性质，是项目投标阶段商务标书的基础，而有竞争力的商务标书又是以其先进合理的技术标书为支撑的。因此，它奠定了施工成本的基本框架和水平。指导性计划成本和实施性计划成本都是战略性成本计划的进一步展开和深化，是对战略性成本计划的战术安排。此外，根据项目管理的需要，成本计划又可按施工成本组成、项目组成、工程进度分别编制施工成本计划。

3.2 施工项目成本计划的意义和作用

1. 施工项目成本计划的意义

项目成本计划的重要性具体表现为以下几个方面：

1）成本计划是施工项目成本管理的一个重要环节，是实现降低成本任务的指导性文件。

2）成本计划是施工项目成本预测的继续。

3）计划的过程也是一次动员项目经理部全体职工，挖掘降低成本潜力的过程；也是检查技术管理、工期管理、物资消耗和劳动力消耗管理等效果的全过程。

2. 施工项目成本计划的作用

项目成本计划的作用具体表现为以下几个方面：

1）是对生产消耗进行控制、分析和考核的重要依据。

2）是核算单位其他有关生产经营计划的基础。

3）是编制国民经济计划的一项重要依据。

4）是全体职工深入开展增产节约、降低产品成本的活动。

5）是企业成本管理责任制、开展经济核算和控制生产费用的基础。

3.3 施工项目目标成本的确定与管理

1. 目标成本的确定

所谓目标成本，即项目（或企业）对未来产品成本所规定的奋斗目标。它比已经达到的实际成本要低，但又是经过努力可以达到的。

目标成本管理是现代化企业经营管理的重要组成部分，它是市场竞争的需要，是企业挖掘内部潜力、不断降低产品成本、提高企业整体工作质量的需要，是衡量企业实际成本节约或开支,考核企业在一定时期内成本管理水平高低的依据。

施工项目成本管理的实质就是一种目标管理。项目管理的最终目标是低成本、高质量、短工期,而低成本是这三大目标的核心和基础。目标成本有很多形式,在制定目标成本作为编制施工项目成本计划和预算的依据时,可以计划成本、定额成本或标准成本作为目标成本,目标成本将随成本计划编制方法的变化而变化。

一般而言,目标成本的计算公式如下:

$$项目的目标成本 = 预计结算收入 - 税金 - 项目目标利润 \quad (3\text{-}1)$$

$$目标成本降低额 = 项目的预算成本 - 项目的目标成本 \quad (3\text{-}2)$$

$$目标成本降低率 = \frac{目标成本降低额}{项目的预算成本} \quad (3\text{-}3)$$

2. 目标成本的管理

目标成本管理是企业目标管理的重要组成部分,推行目标成本管理可以促使企业加强成本核算,人人关心成本,更好地贯彻经济责任制,对于激励全体职工努力做好工作的积极性、促进成本进一步下降有重要意义。同时,目标成本也是进行有效成本比较分析的一种尺度,应用它查明产生成本差异的原因,并有利实行例外管理原则,将成本管理的重点放在重大脱离目标成本的事项上。目标成本管理的实施也能促使企业上下各个部门和领导与职工之间的协调一致,相互配合,围绕一个共同的目标而努力。目标成本保证体系如图3-1所示。

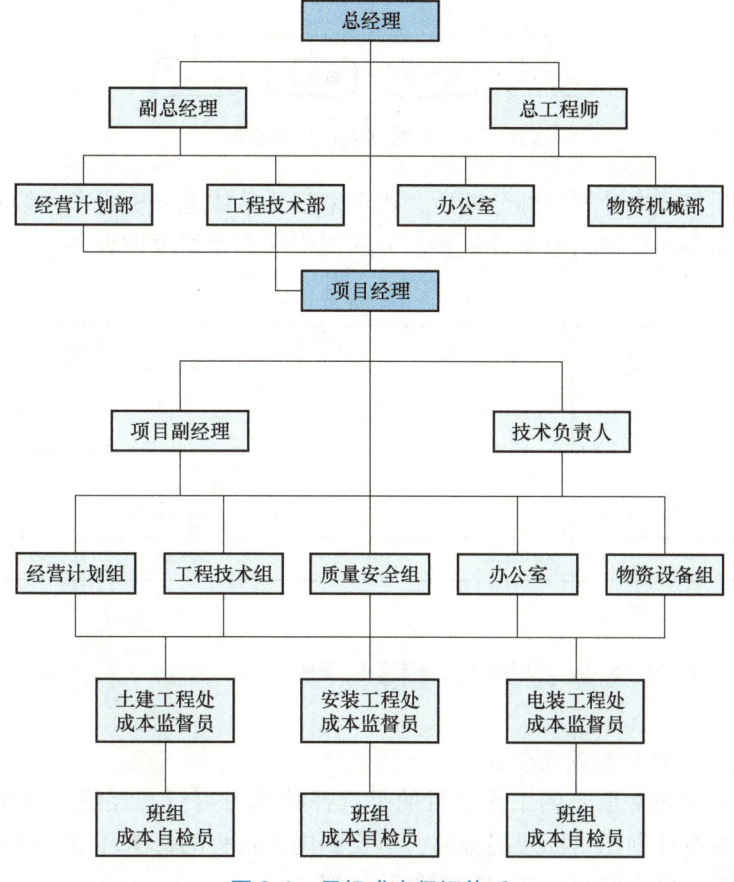

图 3-1 目标成本保证体系

3.4 施工项目成本计划目标的分解

通过成本计划目标的分解，项目经理部的所有成员和各个单位、部门都能明确自己的成本责任，并按照分工去开展工作。成本计划目标的分解如图3-2所示。

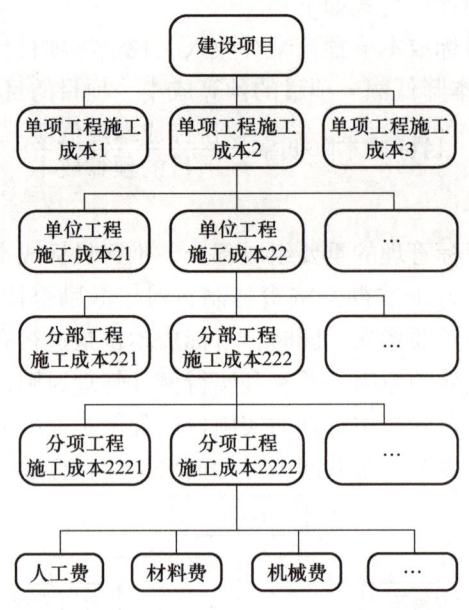

图 3-2　成本计划目标的分解

在完成施工项目成本计划目标分解后，接下来就要具体地分析成本，编制分项工程的成本支出计划，从而得到详细的成本计划表。分项工程成本计划表见表3-1。

表 3-1　分项工程成本计划表

分项工程编码	工作内容	计量单位	计划成本	工程数量	本分项合计

3.5 成本计划的编制依据与程序步骤

1. 施工项目成本计划的编制依据

成本计划是一项非常重要的工作，目的是选择技术上可行、经济上合理的最优成本方案。同时，通过成本计划把目标层层分解，落实到施工过程的每个环节，以调动全体职工的积极性，有效地进行成本控制。成本计划编制依据如下：

1)国家和上级部门有关编制成本计划的规定。
2)项目经理部与企业签订的承包合同及企业下达的成本降低额、降低率和其他有关技术经济指标。
3)有关成本预测、决策的资料。
4)施工项目施工图预算、施工预算。
5)项目管理规划或施工组织设计。
6)施工项目使用的机械设备生产能力及其利用情况。
7)施工项目的材料消耗、物资供应、劳动工资及劳动效率等计划资料。
8)计划期内的物资消耗定额、劳动工时定额、费用定额等资料。
9)以往同类项目成本计划的实际执行情况及有关技术经济指标完成情况的分析资料。
10)同行业、同类项目的成本、定额、技术经济指标资料及增产节约的经验和有效措施。
11)本企业的历史先进水平和当时的先进经验及采取的措施。
12)国外同类项目的先进成本水平情况等资料。

2. 施工项目成本计划的编制程序

编制成本计划的程序因项目的规模、管理要求不同而不同。大中型项目一般采用分级编制的方式,即先由各部门提出部门成本计划,再由项目经理部汇总编制全项目工程的成本计划;小型项目一般采用集中编制方式,即由项目经理部先编制各部门成本计划,再汇总编制全项目的成本计划,编制程序如图3-3所示。

3. 施工项目成本计划的编制内容

(1)项目成本计划的组成 施工项目成本计划一般由施工项目"直接成本计划"和"间接成本计划"组成,如果项目设有附属生产单位,成本计划还包括产品成本计划和作业成本计划。

1)直接成本计划。直接成本计划主要反映工程成本的预算价值、计划降低额和计划降低率。直接成本计划的具体内容如下:

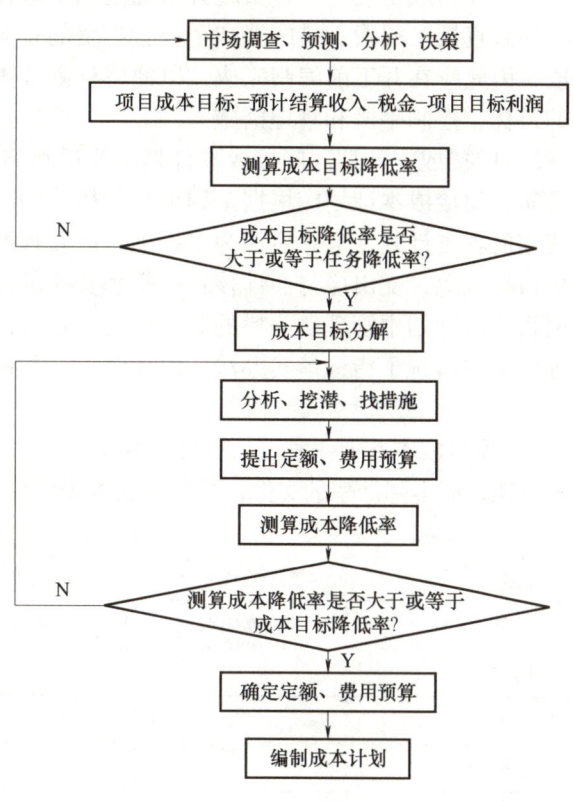

图3-3 成本计划的编制程序

① 编制说明。编制说明是指对工程的范围、投标竞争过程及合同条件、承包人对项目经理提出的成本目标、项目成本计划编制的指导思想和依据等的具体说明。

② 项目成本计划的指标。项目成本计划的指标应经过科学的分析预测确定,可以采用比较法、因素分析法等进行测定。

③ 工程量清单列出的单位工程计划成本汇总表见表3-2。

表 3-2 单位工程计划成本汇总表

清单项目编码	清单项目名称	合同价格	计划成本

④ 按成本性质划分的单位工程成本汇总表,根据清单项目的造价分析,分别对人工费、材料费、施工机具使用费、措施项目费、企业管理费和税费进行汇总,形成单位工程成本计划表。

项目计划成本应在项目实施方案确定和不断优化的前提下进行编制,因为不同的实施方案将导致直接工程费、措施费和企业管理费的差异。成本计划的编制是项目成本预控的重要手段,因此应在开工前编制完成,以便将计划成本目标分解落实,为各项成本的执行提供明确的目标、控制手段和管理措施。

2)间接成本计划。间接成本计划主要反映施工现场管理费用的计划数、预算收入数及降低额。间接成本计划应根据工程项目的核算期,以项目总收入的管理费为基础,制订各部门费用的收支计划,汇总后作为工程项目的管理费用的计划。在间接成本计划中,收入应与取费口径一致,支出应与会计核算中管理费用的二级科目一致。间接成本计划的收支总额应与项目成本计划中管理费一栏的数额相符。各部门应按照节约开支、压缩费用的原则,制定管理费用归口包干指标落实办法,以保证该计划的实施。

(2)项目成本计划表

1)项目成本计划任务表。项目成本计划任务表主要是反映项目预算成本、计划成本、成本降低额、成本降低率的文件,是落实成本降低任务的依据,项目成本计划任务表见表 3-3。

表 3-3 项目成本计划任务表

工程名称: 项目经理: 日期: 单位:

项 目	预算成本	计划成本	计划成本降低额	计划成本降低率
1. 直接费用				
人工费				
材料费				
机械使用费				
措施项目费				
2. 间接费用				
施工管理费				
合计				

2) 项目间接成本计划表。项目间接成本计划表主要指施工现场管理费计划表，反映发生在项目经理部的各项施工管理费的预算收入、计划数和降低额。施工现场管理费计划表见表 3-4。

表 3-4 施工现场管理费计划表

工程名称：　　　　　　项目经理：　　　　　　日期：　　　　　　单位：

项　目	预算收入	计划数	降低额
1. 管理人员工资			
2. 办公费			
3. 差旅交通费			
4. 固定资产使用费			
5. 工具用具使用费			
6. 劳动保险和职工福利费			
7. 劳动保护费			
8. 检验试验费			
9. 工会经费			
10. 职工教育经费			
11. 财产保险费			
12. 财务费			
13. 税金			
14. 其他			

3) 项目技术组织措施表。项目技术组织措施表由项目经理部有关人员分别就应采取的技术组织措施预测它的经济效益，最后汇总编制成册。项目技术组织措施表见表 3-5。

表 3-5 项目技术组织措施表

工程名称：　　　　　　项目经理：　　　　　　日期：　　　　　　单位：

措施项目	措施内容	降低成本来源					成本降低额				
		实物名称	单价	数量	预算收入	计划开支	合计	人工费	材料费	机械使用费	措施项目费

4) 项目降低成本计划表。根据企业下达给该项目的降低成本任务和该项目经理部自己确定的降低成本指标制定出项目降低成本计划。它是编制成本计划任务表的重要依据，是由项目经理部有关业务人员和技术人员编制的。其根据是项目的总包和分包的分工，项目中的各有关部门提供的降低成本资料及技术组织措施计划。在编制降低成本计划表时，还应参照企业内外以往同类项目成本计划的实际执行情况。项目降低成本计划表见表 3-6。

表 3-6 项目降低成本计划表

工程名称：		项目经理：		日期：		单位：	

分项工程名称	成本降低额					
	总计	直接成本				间接成本
		人工费	材料费	机械使用费	措施项目费	

4. 施工项目成本计划的编制步骤

（1）收集和整理资料　广泛收集资料并进行归纳整理是编制成本计划的必要步骤。此外，还应深入分析当前情况和未来的发展趋势，了解影响成本升降的各种有利和不利因素，研究如何克服不利因素和降低成本的具体措施，为编制成本计划提供丰富、具体和可靠的成本资料。

（2）估算计划成本，即确定目标成本　财务部门在掌握了丰富的资料，并加以整理分析，特别是在对基期成本计划完成情况进行分析的基础上，根据有关的设计、施工等计划，按照施工项目应投入的物资、材料、劳动力、机械、能源及各种设施等，结合计划期内各种因素的变化和准备采取的各种增产节约措施，进行反复测算、修订、平衡后，估算生产费用支出的总水平，进而提出全项目的成本计划控制指标，最终确定目标成本。

（3）编制成本计划草案　对大中型项目，经项目经理部批准下达成本计划指标后，各职能部门应充分发动群众进行认真的讨论，在总结上期成本计划完成情况的基础上，结合本期计划指标，找出完成本期计划的有利和不利因素，提出挖掘潜力、克服不利因素的具体措施，以保证计划任务的完成。为了使指标真正落实，各部门应尽可能将指标分解落实下达到各班组及个人，使得目标成本的降低额和降低率得到充分讨论、反馈、再修订，使成本计划既能够切合实际，又成为群众共同奋斗的目标。

各职能部门亦应认真讨论项目经理部下达的费用控制指标，拟定具体实施的技术经济措施方案，编制各部门的费用预算。

（4）综合平衡，编制正式的成本计划　在各职能部门上报了部门成本计划和费用预算后，项目经理部首先应结合各项技术经济措施，检查各计划和费用预算是否合理可行，并进行综合平衡，使各部门计划和费用预算之间相互协调、衔接；其次，要从全局出发，在保证企业下达的成本降低任务或本项目目标成本实现的情况下，以生产计划为中心，分析研究成本计划与生产计划、劳动工时计划、材料成本与物资供应计划、工资成本与工资基金计划、资金计划等的相互协调平衡。经反复讨论多次综合平衡，最后确定的成本计划指标，即可作为编制成本计划的依据。项目经理部正式编制的成本计划，上报企业有关部门后即可正式下达至各职能部门执行。

3.6 施工项目成本计划的编制方法

施工项目成本计划是在成本预测基础上编制的，主要有以下几种方法：

1. 施工预算法

施工预算法是根据施工图中的实物工程量，套用施工消耗定额，计算工料消耗量，进行工料汇总，再乘以相应的工料单价，用货币形式反映其施工生产耗费水平，即用施工预算确定计划成本，再结合技术节约措施计划，以进一步降低施工生产耗费水平。施工预算法可用下式表示：

$$计划成本 = 施工预算成本 - 技术组织措施节约额 \tag{3-4}$$

【例 3-1】 某施工项目预算成本为 1557 万元，采用技术组织措施计划节约额为 57 万元。试计算计划成本。

【解】 计划成本 =（1557 - 57）万元 = 1500 万元

【例 3-2】 某工程项目按照施工预算的工程量，套用施工工料消耗定额所计算消耗费用为 1280.9 万元，技术节约措施计划节约额为 45.64 万元。试计算计划成本。

【解】 计划成本 =（1280.98 - 45.64）万元 = 1235.34 万元

2. 定额估算法

在企业定额比较完备的情况下，通常以施工图预算与施工预算对比的差额，并考虑技术组织措施带来的节约来估算计划成本的降低额，计算方法如下式所示：

$$计划成本 = 预算成本 - （两算对比定额差 + 技术组织措施计划节约额） \tag{3-5}$$

【例 3-3】 某项目预算成本 5700 万元，两算对比差额为 600 万元，采用技术组织措施计划节约额为 100 万元。则计划成本 = 5700 万元 -（600 + 100）万元 = 5000 万元。

两算法对比差额的实质是反映两种定额（施工定额和预算定额）产生的差额，因此又称为定额差。

施工图预算和施工预算的区别是：施工图预算是以施工图为依据，按照预算定额和规定的取费标准以及图样工程量计算出项目成本，反映为完成施工项目建筑安装任务所需的直接成本和间接成本。它是招标投标中计算标底的依据（评标的尺度），是控制项目成本支出、衡量成本节约或超支的标准，也是施工项目考核经营成果的基础。施工预算是施工单位（各项目经理部）根据施工定额编制的，作为施工单位内部经济核算的依据。

3. 技术节约措施法

技术节约措施法是指以工程项目计划采取的技术组织措施和节约措施所能取得的经济效果为项目成本降低额，然后求出工程项目的计划成本的方法，计算方法如下式所示：

$$工程项目计划成本 = 工程项目预算成本 - 技术节约措施计划节约额（成本降低额） \tag{3-6}$$

$$计划成本降低率 = \frac{计划成本降低额}{工程项目预算成本} \times 100\% \tag{3-7}$$

采用这种方法首先应确定的是降低成本指标和降低成本技术节约措施，然后再编制成本计划。

【例3-4】 某工程项目造价为679.38万元,扣除计划利润和税金及企业管理费,经计算该项目的预算成本为557.08万元,该项目的技术节约措施节约额为37.03万元。计算计划成本和计划成本降低率。

【解】 工程项目计划成本 = (557.08 - 37.03) 万元 = 520.05 万元

工程项目计划成本降低率 = 37.03 万元 ÷ 557.08 万元 × 100% = 6.65%

【例3-5】 某工程项目造价为2550.13万元,扣除计划利润和税金及企业管理费,经计算,该项目预算成本总额为2065.60万元,其中人工费为204.60万元,材料费为1613.20万元,施工机具使用费为122.4万元,措施项目费为31.2万元,施工管理费为94.2万元。项目部综合各部门做出该项目技术节约措施,各项成本降低指标分别为人工费0.29%,材料费1.93%,机械使用费3.76%,措施项目费1.6%,施工管理费14.44%。计算节约额和计划成本,并编制项目成本计划表。

【解】 计划成本、计划成本降低额、计划成本降低率的计算过程见表3-7。

表3-7 项目成本计划表

工程名称:　　　　项目经理:　　　　日期:　　　　单位:

项 目	预算成本 (万元)	计划成本 (万元)	计划成本降低额 (万元)	计划成本降低率 (%)
1. 直接费用	1971.4	1934.57	36.83	1.87
1.1 人工费	204.6	204	0.6	0.29
1.2 材料费	1613.20	1582.07	31.13	1.93
1.3 机械使用费	122.4	117.8	4.6	3.76
1.4 措施项目费	31.2	30.7	0.5	1.60
2. 间接费用	94.2	80.6	13.6	14.44
2.1 施工管理费	94.2	80.6	13.6	14.44
合计	2065.60	2015.17	50.43	2.44

工程项目计划成本 = (2065.60 - 50.43) 万元 = 2015.17 万元

计划成本降低率 = 50.43 万元 ÷ 2065.6 万元 × 100% = 2.44%

4. 成本习性法

成本习性法是固定成本和变动成本在编制成本计划中的应用,主要按照成本习性,将成本分为固定成本和变动成本两类,以此计算计划成本。具体划分可采用按费用分解的方法,具体如下:

(1) 材料费　材料费与产量有直接联系,属于变动成本。

(2) 人工费　在计时工资形式下,生产工人工资属于固定成本,因为不管生产任务完成与否,工资照发,与产量增减无直接联系。如果采用计件超额工资形式,其计件工资部分属于变动成本,奖金、效益工资和浮动工资部分亦应计入变动成本。

(3) 机械使用费　机械使用费中有些费用随产量增减而变动,如燃料费、动力费等,属于变动成本;有些费用不随产量变动,如机械折旧费、大修理费、机修工和操作工的工资等，属于固定成本。此外，还有机械的场外运输费和机械组装拆卸、替换配件、润滑擦拭等经常修理费，由于不直接用于生产，也不随产量增减成正比例变动，而是在生产能力得到充分利用，产量增长时，所分摊的费用就少些，在产量下降时，所分摊的费用就要大一些，所以这部分费用为介于固定成本和变动成本之间的半变动成本，可按一定比例划为固定成本和变动成本。

（4）措施项目费　措施项目费中，水、电、风、气等费用以及现场发生的其他费用多数与产量发生联系，属于变动成本。

（5）施工管理费　施工管理费中大部分在一定产量范围内，与产量的增减没有直接联系，如工作人员工资、办公费、差旅交通费、固定资产使用费、职工教育经费等，基本上都属于固定成本。检验试验费与产量增减有直接联系，属于变动成本范围。此外，劳动保护费中的劳保服装费、防暑降温费、防寒用品费，劳动部门有规定的领用标准和使用年限，基本上属于固定成本范围。

在成本划分为固定成本和变动成本后，施工项目计划成本可用下列公式计算：

$$施工项目计划成本 = 项目变动成本总额 + 项目固定成本总额 \tag{3-8}$$

【例3-6】　某施工项目，经过费用分解测算，测得其变动成本总额为900万元，固定成本总额为100万元。计算计划成本。

【解】　该施工项目计划成本 = (900 + 100)万元 = 1000万元

【例3-7】　某工程项目，经过分部分项测算，测得其变动成本总额为1950.71万元，固定成本总额234.11万元。计算计划成本。

【解】　工程项目计划成本 = (1950.71 + 234.11)万元 = 2184.82万元

5. 按实计算法

按实计算法就是项目经理部有关职能部门（人员）以该项目施工图预算的工料分析资料作为控制计划成本的依据，根据项目经理部执行施工定额的实际水平和要求，由各职能部门归口计算各项计划成本。

1）人工费的计划成本，由项目管理班子的劳资部门（人员）计算。

$$人工费的计划成本 = 计划用工量 \times 实际水平的工资价格 \tag{3-9}$$

式中　计划用工量 = $\sum$分项工程量 × 工日定额；可根据实际水平，考虑先进性，适当提高工日定额。

2）材料费的计划成本，由项目管理班子的材料部门（人员）计算。

$$材料费的计划成本 = 各种材料的计划用量 \times 实际价格 + 工程用水的水费 \tag{3-10}$$

3）机械使用费的计划成本，由项目管理班子的机械管理部门（人员）计算。

$$机械使用费的计划成本 = 机械计划台班数 \times 规定单价 + 机械用电的电费 \tag{3-11}$$

4）措施项目费的计划成本，由项目管理班子的施工生产部门和材料部门（人员）共同计算。

计算的内容包括现场二次搬运费、临时设施摊销费、生产工具用具使用费、工程定位费、工程交点费以及场地清理费等多项费用的测算。

5）间接费用的计划成本，由工程项目经理部的财务人员计算。

一般根据工程项目管理部内的计划职工平均人数，按历史成本的间接费用以及压缩费用的人均支出数进行测算。

6. 按工程进度编制法

按工程进度编制施工成本计划，通常可利用控制项目进度的网络图进一步扩充而得，即在建立网络图时，一方面确定完成各项工作所需花费的时间，另一方面确定完成这一工作的合适的施工成本支出计划。

通过对施工成本目标按时间进行分解，在网络计划基础上，可获得项目进度计划的横道图，并在此基础上编制成本计划。其表示方式有两种：一种是在时标网络图上按月编制的成本计划，如图3-4所示；另一种是利用时间-成本曲线（S形曲线）表示，如图3-5所示。

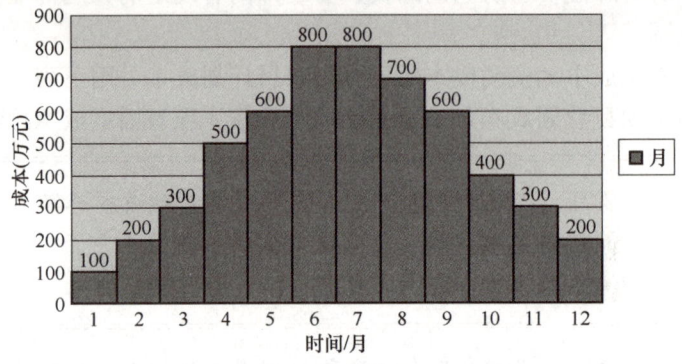

图3-4 时标网络图上标成本计划图示

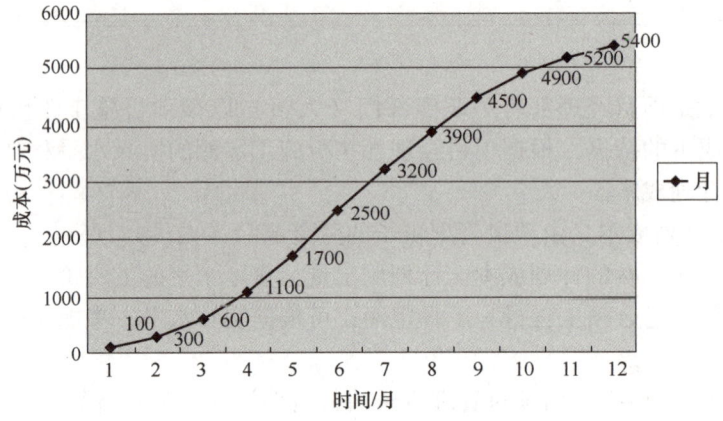

图3-5 时间-成本曲线图示

具体做法如下：

1）确定工程项目进度计划，编制进度计划的横道图。

2）根据每单位时间内完成的实物工程量或投入的人力、物力和财力，计算单位时间（1月或1旬）的成本，在时标网络图上按时间编制成本支出计划，如图3-4所示。

3）计算规定时间计划累计支出的成本额，其计算方法为各单位时间计划完成的成本额累加求和，计算方法如下式所示：
$$Q_t = \sum q \tag{3-12}$$
式中　Q_t——某时间 t 的计划累计支出成本额；

　　　q——单位时间 n 的计划指出成本额；

　　　t——某规定计划时刻。

4）按各规定时间的 Q_t 值，绘制 S 形曲线，如图3-5所示。

每一条 S 形曲线都对应某一特定的工程进度计划。因为在进度计划的非关键线路中存在许多有时差的工序或工作，因而 S 形曲线（成本计划值曲线）必然包罗在由全部工作都按最早开始时间开始和全部工作都按最迟必需开始时间开始的曲线所组成的"香蕉图"内。项目经理可根据编制的成本支出计划来合理安排资金，同时项目经理也可以根据筹措的资金来调整 S 形曲线，即通过调整非关键线路上的工序项目的最早或最迟开工时间，力争将实际的成本支出控制在计划的范围内。

一般而言，所有工作都按最迟开始时间开始，对节约资金贷款利息是有利的，但这么做也降低了项目按期竣工的保证率。因此，项目经理必须合理地确定成本支出计划，达到既节约成本支出，又能控制项目工期的目的。

以上几种编制施工成本计划的方式并不是相互独立的。在实践中，往往是将这几种方式结合起来使用，从而可以取得扬长避短的效果。例如，将按项目分解总施工成本与按施工成本构成分解总施工成本两种方式相结合，横向按施工成本构成分解，纵向按项目分解，或相反。这种分解方式有助于检查各分部分项工程施工成本构成是否完整，有无重复计算或漏算；还有助于检查各项具体的施工成本支出的对象是否明确或落实，并且可以从数字上校核分解的结果有无错误。还可将按子项目分解总施工成本计划与按时间分解总施工成本计划结合起来，一般纵向按项目分解，横向按时间分解。

【例3-8】　已知某施工项目的数据资料（见表3-8），绘制该项目的时间-成本累计曲线。

表3-8　某施工项目的数据资料

编　码	项 目 名 称	最早开始时间	工期（月）	成本强度（万元/月）
11	场地平整	1	1	20
12	基础施工	2	3	15
13	主体工程施工	4	5	30
14	砌筑工程施工	8	3	20
15	屋面工程施工	10	2	30
16	楼地面施工	11	2	20
17	室内设施安装	11	1	30
18	室内装修	12	1	20
19	室外装修	12	1	10
20	其他工程	12	1	10

【解】（1）确定施工项目进度计划，编制进度计划的横道图，如图3-6所示。

编码	项目名称	最早开始时间	工期（月）	成本强度（万元/月）	工程进度（月）/成本强度（万元/月）											
					1	2	3	4	5	6	7	8	9	10	11	12
11	场地平整	1	1	20	20											
12	基础施工	2	3	15		15	15	15								
13	主体工程施工	4	5	30				30	30	30	30	30				
14	砌筑工程施工	8	3	20								20	20	20		
15	屋面工程施工	10	2	30										30	30	
16	楼地面施工	11	2	20											20	20
17	室内设施安装	11	1	30											30	
18	室内装修	12	1	20												20
19	室外装修	12	1	10												10
20	其他工程	12	1	10												10
	每月成本强度				20	15	15	45	30	30	30	50	20	50	80	60
	累计每月成本强度				20	35	50	95	125	155	185	235	255	305	385	445

图3-6 进度计划的横道图

（2）按月编制成本计划，如图3-7所示。

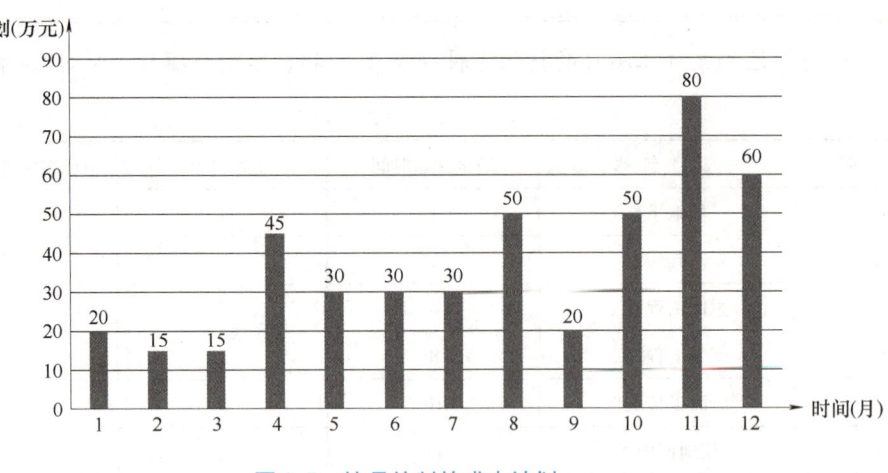

图3-7 按月编制的成本计划

（3）计算规定时间 t 计划累计支出的成本额。根据公式：$Q_t = \sum q_n$ 可得如下结果，如图3-7上数据所示。

$Q_1 = 20$ 万元，$Q_2 = 35$ 万元，$Q_3 = 50$ 万元，……，$Q_{11} = 385$ 万元，$Q_{12} = 445$ 万元

（4）绘制S形曲线，如图3-8所示。

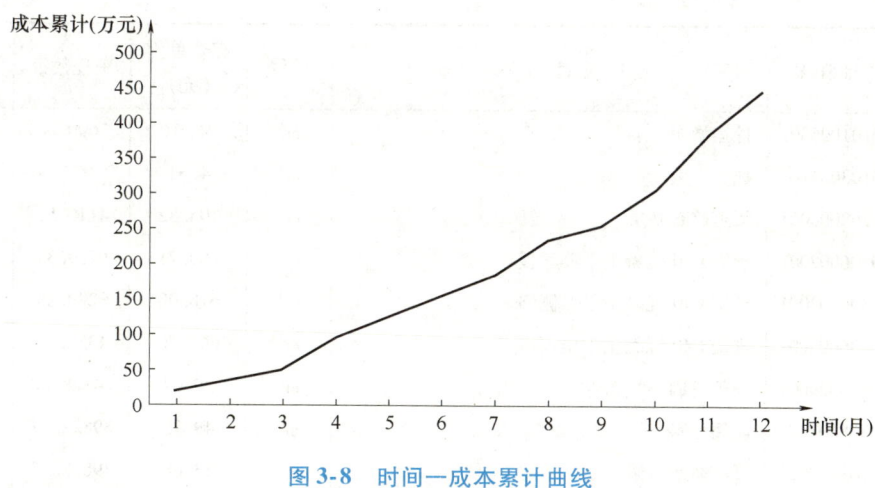

图 3-8 时间—成本累计曲线

3.7 目标成本的确定与分解示例

下面以一个市政截污干渠施工项目成本计划编制中目标成本的确定与分解为例来说明上述方法的应用，限于篇幅，此处只讨论分部分项工程清单所包含的施工对象目标成本的确定与分解。在实际工程实践中，应与措施项目清单一并作为一个整体来确定施工项目成本计划的目标成本。

1. 项目背景

KM 市环湖东路 Q 标段截污干渠是环湖截污干渠的一段，由 HY 公司承建，渠道长度 1900m，设计为埋置式双箱体钢筋混凝土结构，一箱为排污渠，另一箱为排洪渠，污水渠净断面尺寸为 4.5m×4.5m，排洪渠净断面尺寸为 1.5m×4.5m。截污干渠断面图如图 3-9 所示。

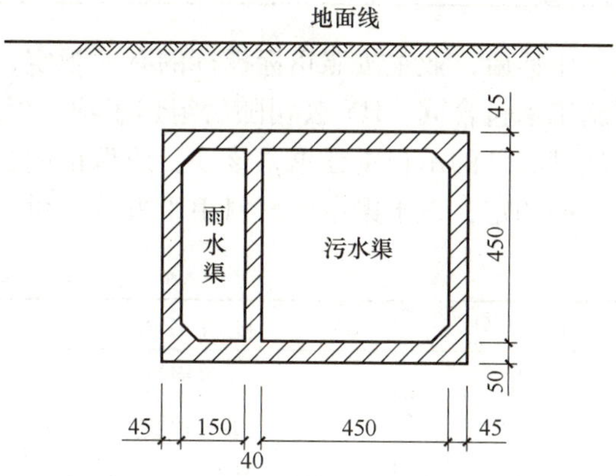

图 3-9 截污干渠断面图

该项目由 HY 公司通过参与公开竞标的形式获得，其投标的干渠主体分部分项工程清单报价见表 3-9，从表中可以看出该干渠分部分项工程总价约为 3290 万元。

表 3-9 环湖东路 Q 标段截污干渠分部分项清单报价表

序号	项目编码	项目名称	单位	综合单价（元）	工程数量	合价（元）
1	040101001001	挖一般土方	m³	10.21	124966.00	1275903
2	040103002001	余土弃置	m³	26.20	48994.00	1283643

（续）

序号	项目编码	项目名称	单位	综合单价（元）	工程数量	合价（元）
3	040101006001	挖运淤泥	m³	46.01	7600.00	349676
4	040103001101	填方夯填	m³	4.64	75973.00	352515
5	040202008001	渠道碎石基层	m³	104.82	4110.51	430864
6	040306002001	现浇C40混凝土干渠底板	m³	489.71	6769.35	3315018
7	040306003001	现浇C40混凝土干渠侧墙	m³	618.00	8289.28	5122775
8	040306004001	现浇C40混凝土干渠顶板	m³	661.70	4352.76	2880221
9	040506029001	渠外壁刷环氧沥青	m²	20.67	24828.02	513195
10	040308007301	防腐涂料	m²	49.75	39822.77	1981183
11	010703003001	渠底防水砂浆	m²	13.08	39822.77	520882
12	040701002001	非预应力钢筋Ⅰ级现浇混凝土钢筋φ10以内	t	5215.87	13.40	69893
13	040701002002	非预应力钢筋Ⅱ级现浇混凝土钢筋	t	5125.81	2796.39	14333764
14	040701001001	预埋件	t	7072.70	0.15	1061
15	040506030001	安装钢板止水带	m	99.49	4110.51	408955
16	040506030002	沉降缝橡胶止水带	m	59.85	875.20	52381
17	040506030003	沉降缝聚苯乙烯填缝材料	m	9.84	875.20	8612
	合计					32900541

中标后，业主按照招标投标的有关规定，以HY公司的投标报价为基础与HY公司签订了施工承包合同，HY公司随后组建了项目经理部进驻现场开展施工。根据HY公司与其项目经理签订的承包责任书，该项目应保证向公司总部上缴12%的管理费（利润）。另根据施工合同约定，该干渠主要材料由甲方统一供应，甲供材料的品种及价格见表3-10。

表3-10　环湖东路截污干渠甲供材料价目表

序号	材料名称	单位	单价（元）
1	Ⅰ级钢筋	t	4060
2	Ⅱ级钢筋	t	4110
3	C40商品混凝土（细石）	m³	380

2. 施工项目目标成本确定

按照背景资料，该干渠施工项目的总目标成本是很明确的，即

$$3290 \text{ 万元} \times (1-12\%) = 3290 \text{ 万元} \times 88\% = 2895.2 \text{ 万元}$$

问题的关键在于，现场施工是针对每一个施工过程和施工对象进行的，目标成本要对施工过程起控制作用，必须要明确到相应的施工对象上，而分部分项工程清单计价表对施工成本的描述是以清单项目的形式出现的，因而有必要将分部分项工程清单计价表所反映的项目成本进行施工对象的归属识别，并汇总到相应的施工对象上。完成这一工作实际就是完成了总成本目标按施工对象分解的工作，使每一个施工对象有了自己的成本属性，同时也就确定了每个施工对象的成本目标。

例如，表 3-9 中挖一般土方、余土弃置、挖运淤泥所指向的施工对象就是干渠的基槽开挖，按照施工组织管理对象计算的该项目目标成本计算表见表 3-11。

表 3-11 环湖东路 Q 标段截污干渠目标成本计算表

序号	施工对象	清单项目名称	单位	工程数量	目标成本（元）
1	基槽开挖	挖一般土方，余方弃置，挖运淤泥	m^3	181560	2560115
2	碎石垫层	渠道碎石基层	m^3	4110.51	379160
3	钢筋制作与安装	Ⅰ级钢筋，Ⅱ级钢筋，预埋铁件	t	2809.94	12676120
4	钢板止水带安装	安装钢板止水带	m	4110.51	359880
5	橡胶止水带安装	沉降缝橡胶止水带	m	875.20	46095
6	底板混凝土浇筑	现浇 C40 混凝土干渠底板	m^3	6769.35	2917216
7	侧板混凝土浇筑	现浇 C40 混凝土干渠侧墙	m^3	8289.28	4508042
8	顶板混凝土浇筑	现浇 C40 混凝土干渠顶板	m^3	4352.76	2534595
9	沉降缝填塞	沉降缝聚苯乙烯填缝材料	m	875.20	7579
10	渠底防水砂浆	渠底防水砂浆	m^2	39822.77	458376
11	外壁防水涂层	渠外壁刷环氧沥青	m^2	24828.02	451612
12	内壁防腐涂层	防腐涂料	m^2	39822.77	1743441
13	坑槽回填	填方夯填	m^3	75973	310213
	合计				28952443

3. 按施工进度分解目标成本

按施工进度进行目标成本分解，就是根据施工组织计划，将施工项目的成本目标落实到每一个施工周期。这一分解过程包含着一个基本假定，即假设在施工对象的施工持续期间，单位时间内产生的成本额是相等的，这个成本额就称为该施工对象的成本强度，其含义是施工对象的施工进度处于匀速进展的状态，成本强度表达式为

$$C_i = \frac{V_i}{T_i} \tag{3-13}$$

式中 C_i——施工对象 i 的成本强度；
V_i——施工对象 i 的目标成本；
T_i——施工对象 i 的施工持续时间。

本项目中，根据表 3-11 所确定的目标成本、干渠的施工进度计划横道图以及按式（3-13）计算的各施工对象的成本强度绘制的目标成本计划分解如图 3-10 所示。目标成本计划分解表的最末三个表栏分别按施工进度计划汇总了各周成本发生额。各周累计成本发生额和各月份的成本发生额。按照不同周期计算的成本发生额、累计成本发生额，可以分别绘制对应时间周期的成本计划分布直方图、时间-成本累计曲线（即 S 形曲线），应用成本计划分布直方图和时间-成本累计曲线即可在施工期间检查、监控实际成本与计划成本的偏差情况，发挥成本计划对成本管理工作的指导与控制作用。

环湖东路 Q 标段截污干渠周成本计划累计曲线和月成本计划分布直方图如图 3-11 和图 3-12 所示。

序号	施工对象	目标成本(万元)	成本强度(万元/周)	1				2				3				4				5				6		(时间单位：月/周)
				1	2	3	4	5	6	7	8	9	10	11	12	13	14	15	16	17	18	19	20	21	22	
1	基槽开挖	256.01	16.001																							
2	碎石垫层	37.92	2.370																							
3	钢筋制作与安装	1267.61	74.565																							
4	钢板止水带安装	35.99	2.322																							
5	橡胶止水带安装	4.61	0.297																							
6	底板混凝土浇筑	291.72	18.821																							
7	侧板混凝土浇筑	450.80	29.034																							
8	顶板混凝土浇筑	253.46	16.352																							
9	沉降缝填塞	0.76	0.069																							
10	渠底防水砂浆	45.84	3.820																							
11	外壁防水涂层	45.16	3.763																							
12	内壁防腐涂层	174.34	14.529																							
13	抗槽回填	31.02	2.585																							
合计		2895.24		91.8	94.2	114	143	160	160	160	160	160	167	185	185	185	185	185	185	167	79.6	55.7	32.9	24.7	17.1	
累计(万元)				91.8	186	300	444	604	764	923	1083	1243	1411	1595	1780	1964	2149	2334	2518	2686	2765	2821	2854	2878	2895	
月计划成本(万元)				444				639				697				738				336				42		

图 3-10 环湖东路 Q 标段截污干渠目标成本计划分解

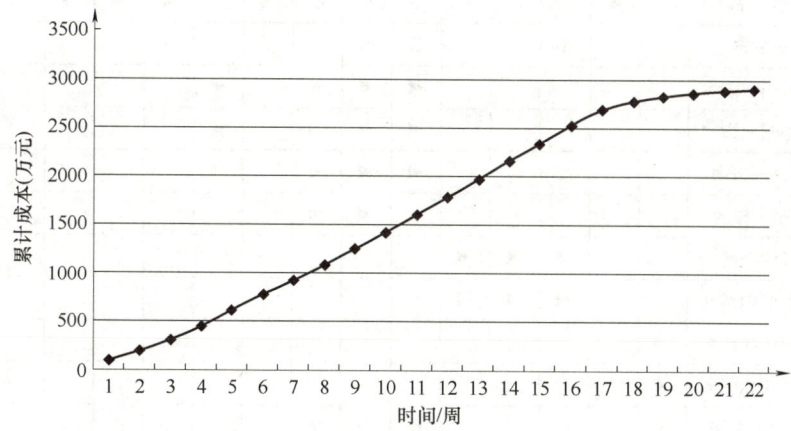

图 3-11　环湖东路 Q 标段排污干渠施工成本计划时间-成本累计曲线图

4. 按责任主体分解目标成本

目标成本按责任主体进行分解，就是将成本控制的责任指标落实到项目管理机构的各职能部门、班组和岗位，是落实成本管理最关键的一环，也是制订成本计划中的一个难点。首先，特定责任主体，按其职责分工和参与项目施工与管理的具体内容，有可控成本和非可控成本之别；其次，施工生产具有群体协作的特点，一个施工对象成本出现异常波动，有可能是材料供应问题，有可能是技术管理问题，还可

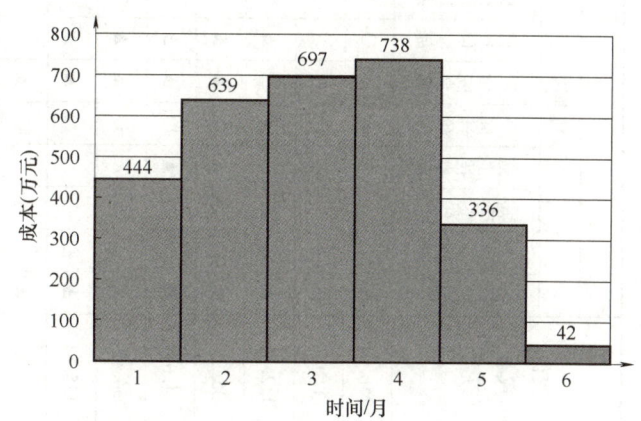

图 3-12　环湖东路 Q 标段排污干渠施工成本计划成本计划分布直方图

能是现场管理和班组本身的问题，因此成本目标的责任分解要把握两条原则：

（1）可控原则　可控原则即将某项成本指标分配给某个特定责任主体，该责任主体必须具备影响该成本发生的条件，也就是说该项成本在发生的过程中和发生的数额上与责任者的岗位职责和工作性质必然存在某种关联。

（2）责权利原则　责权利原则即在责任界定范围内责任者要有权实施管理，而且可以通过这种管理或履行好这项责任而有利可得，这就要求目标成本的责任分解必须结合项目管理机构的组织设计、部门职责和岗位职责的制度设计进行，还要与一线生产的劳动组织方式相适应。

通常情况下，在通过管理和协作完成一项工作时，责任主体在其中所发挥的作用可以按主要、次要、一般和关联四个级别进行定义，在进行目标成本的责任分解时也可以按这四个级别确定相应的担责比例，进而实现目标成本责任的量化分配。

本项目根据项目经理部的组织机构设计、专业劳务班组的配备情况进行的目标成本分解见表 3-12。表中根据背景资料将甲供材料所形成的成本按非可控成本进行处理，计算时以

表 3-12 环湖东路 Q 标段排污干渠目标施工成本责任分解表

序号	项目名称	目标成本（万元）	非可控成本（万元）	责任成本（万元）	项目经理	项目副经理	项目总工	施工技术部	合同计价部	质量安全部	材料供应部	机械管理部	财务劳工部	综合办公室	土方劳务队A	土方劳务队B	钢筋劳务队A	钢筋劳务队B	模板工班A	模板工班B	混凝土工班A	混凝土工班B	机电班	杂工班
1	基槽开挖	256.01		256.01	▲	△	△	△	▲	△	○	△	▲	※	▲	▲								
2	碎石垫层	37.92		37.92	※	○	○	○	○	○	△	○	○	※										▲
3	钢筋制作与安装	1267.61	1154.76	112.85	▲	▲	▲	▲	▲	▲	▲	▲	▲	※			▲	▲					※	
4	钢板止水带安装	35.99		35.99	※	○	○	○	○	○	▲	○	○	※										
5	橡胶止水带安装	4.61		4.61	※	○	○	○	○	○	▲	○	※	※										
6	底板混凝土浇筑	291.72	257.24	34.48	▲	▲	△	△	▲	▲	▲	○	※	※					▲	▲	▲	▲	○	※
7	侧板混凝土浇筑	450.80	314.99	135.81	▲	▲	△	△	▲	▲	▲	○	※	※					▲	▲	▲	▲	○	※
8	顶板混凝土浇筑	253.46	165.40	88.06	▲	▲	△	△	▲	▲	▲	○	※	※					▲	▲	▲	▲	○	※
9	沉降缝填塞	0.76		0.76	△	▲	△	△	○	○	○	○	▲											▲
10	渠底防水砂浆	45.84		45.84	△	▲	△	△	○	○	▲	○	△	※										▲
11	外壁防水涂层	45.16		45.16	△	▲	△	△	○	○	▲	○	△	※										▲
12	内壁防腐涂层	174.34		174.34	△	▲	△	△	○	○	▲	○	△	※										▲
13	坑槽回填	31.02		31.02	△	▲	△	△	○	○	▲	○	△	※										
	目标成本合计（万元）	2895.24	1892.39	1002.85																				

注：▲ 主要责任主体，目标责任承担比例 60%～80%，多主体时平均当责。
△ 次要责任主体，目标责任承担比例 20%～40%，多主体时平均当责。
○ 一般责任主体，目标责任承担比例 10%～20%，多主体时平均担责。
※ 关联责任主体，目标责任承担比例 5%～10%，多主体时平均担责。

材料的设计用量和甲供单价为准，由于该部分成本并不以项目经理部的意志为转移，项目经理部不可能通过其管理行为改变材料的设计用量，也不可能对甲供单价进行调整，故属于非可控成本。扣除非可控成本后，项目经理部的实际责任成本总额为 1002.85 万元，将这一责任成本在组织机构系统内部按部门及岗位职责、专业施工队、施工班组进行分配即完成了目标成本按责任主体的分解，这一分配虽然只明确了目标成本管理的责任归属及责任级别，但一旦组织机构和岗位设计确定了各责任级别的当责比例，每个责任主体的量化指标也就随之确定下来。

本 章 总 结

成本计划是成本管理和成本会计的一项重要内容，是企业生产经营计划的重要组成部分。施工项目成本计划是由项目经理负责在成本预测的基础上进行的，它是以货币形式预先规定施工项目进行中的施工生产耗费的计划总水平，通过施工项目的成本计划可以确定对比项目总投资（或中标额）应实现的计划成本降低额与降低率，并且按成本管理层次、有关成本项目以及项目进展的逐阶段对成本计划加以分解，并制订各级成本实施方案。

施工项目成本计划是施工项目成本管理的一个重要环节，是实现降低施工项目成本任务的指导性文件。从某种意义上来说，编制施工项目成本计划也是施工项目成本预测的继续。如果对承包项目所编制的成本计划达不到目标成本要求时，就必须组织施工项目管理班子的有关人员重新研究寻找降低成本的途径，重新进行编制，从第一次所编制的成本计划到改变成第二次或第三次等的成本计划直至最优方案，实际上意味着进行了多次的成本预测。编制成本计划的过程是动员施工项目经理部全体职工挖掘降低成本潜力的过程；也是检验施工技术质量管理、工期管理、物资消耗和劳动力消耗管理等效果的全过程。

思考题及习题

3.1 工程项目成本计划的作用是什么？
3.2 简述工程项目成本计划原则。
3.3 工程项目成本计划编制的方法有哪些？
3.4 工程项目风险的成本计划需要考虑哪些因素？
3.5 某项目预算成本总额为 5555.00 万元，各分项项目成本计划表见表 3-13。项目经理综合各部门做出的技术节约措施确定成本降低指标分别为人工费 0.39%，材料费 2.25%，机械使用费 4.36%，措施项目费 2.43%，施工管理费 12.11%。试计算节约额和计划成本，并编制项目成本计划表。

表 3-13 项目成本计划表

项 目	预算成本（万元）	计划成本（万元）	计划成本降低额（万元）	计划成本降低率（%）
1. 直接费用	4721.75			
1.1 人工费	666.60			
1.2 材料费	3333.00			
1.3 机械使用费	444.40			
1.4 措施项目费	277.75			

项目	预算成本（万元）	计划成本（万元）	计划成本降低额（万元）	计划成本降低率（%）
2. 间接费用	833.25			
2.1 施工管理费	833.25			
合计	5555.00			

3.6 已知某施工项目的数据资料如表3-14，绘制该项目的时间-成本累计曲线。

表 3-14 某施工项目的数据资料

编码	项目名称	最早开始时间/月	工期/月	成本强度（万元/月）
11	场地平整	1	1	10
12	基础施工	2	3	17
13	主体工程施工	4	5	25
14	砌筑工程施工	8	3	18
15	屋面工程施工	10	2	35
16	楼地面施工	11	2	20
17	室内设施安装	11	1	35
18	室内装修	12	1	25
19	室外装修	12	1	15
20	其他工程	12	1	10

第 4 章
施工项目成本控制

成本控制是指通过控制手段，在达到预定工程功能和工期要求的同时优化成本开支，将总成本控制在预算（计划）范围内。

4.1 施工项目成本控制概述

1. 施工项目成本控制的概念

施工项目成本控制是指项目在施工过程中，对影响施工项目成本的各种因素加强管理，并采取各种有效措施，将施工中实际发生的各种消耗和支出严格控制在成本计划范围内。施工项目成本控制的核心是对施工过程和成本计划进行实时监控，严格审查各项费用支出是否符合标准，计算实际成本和计划成本之间的差异并进行分析。

2. 施工项目成本控制的依据

施工项目成本控制的依据有：工程承包合同、施工项目成本计划、进度报告和工程变更。

（1）工程承包合同　施工项目成本控制要以工程承包合同为依据，围绕降低工程成本这个目标，从预算收入和实际成本两方面，努力挖掘增收节支潜力，以求获得最大的经济效益。

（2）施工项目成本计划　施工项目成本计划是根据施工项目的具体情况制订的施工成本控制方案，既包括预定的成本控制目标，又包括实现控制目标的措施和规划，是施工项目成本控制的指导文件。

（3）进度报告　进度报告提供了每一时刻实际完成工程量、工程施工成本实际支付情况等重要信息。施工项目成本控制工作正是通过实际情况与施工项目成本计划相比较，找出二者之间的差别，分析其产生的原因，从而采取措施改进以后的工作。此外，进度报告还有助于管理者及时发现实施中存在的隐患，并在还未造成重大损失之前采取有效措施，尽量避免损失。

（4）工程变更　在项目的实施过程中，由于各方面的原因，工程变更是很难避免的。工程变更一般包括设计变更、进度计划变更、施工条件变更、技术规范与标准变更、施工次序变更等。一旦出现变更，工程量、工期、成本都必将发生变化，从而使得施工项目成本控制变得更加复杂和困难。因此，施工项目成本管理人员应当通过对变更要求中各类数据计算、分析，随时掌握变更情况，包括已发生工程量、将要发生工程量、工期是否拖延、损失情况等重要信息，判断变更以及变更可能带来的索赔额度等。

除上述主要依据外，有关施工组织设计、分包合同文本等也都是施工项目成本控制的依据。

4.2 施工项目成本控制的内容

1. 施工前期的成本控制

1）投标阶段，应根据招标文件中的工程概况，进行项目成本的预测，提出投标决策。

2）中标以后，应根据项目的建设规模，组建与之相适应的项目经理部，同时以"中标书"为依据确定项目的成本目标，并作为项目经理部的成本责任。

3）施工准备阶段，应结合设计图的自审、会审和其他技术资料，编制实施性施工组织设计，通过多方案技术经济比较，从中选择经济合理、先进可行的施工方案，对项目成本进行事前控制。

2. 施工期间的成本控制

1）加强施工任务单和限额领料单的管理。施工任务单应与"工作包"结合起来，做好每一个工作包及其工序的验收以及核对实耗人工、实耗材料的数量，以保证施工任务单和限额领料单的真实、可靠。

2）根据施工任务单进行实际与计划的对比，计算工作包的成本差异，分析差异产生的原因，采取有效纠偏措施。

3）做好检查周期内成本原始资料的收集、整理和工作包实际成本的统计，分析检查期内实际成本与计划成本的差异。

4）实行责任成本核算。通过工作编码对责任部门或责任人的责任成本进行对比，分析责任部门或责任人的成本差异和产生差异的原因，自行采取有效措施纠正偏差。

5）在上述工作基础上，加强合同管理工作和索赔工作。对承包商自身以外原因造成的损失，力求及时进行索赔以获得经济补偿。

3. 竣工验收阶段的成本控制

1）及时办理施工项目的竣工验收，以防扫尾工作拖拉，造成机械设备无法转移，从而增加成本费用。

2）及时办理结算，注意结算资料的完整，避免漏算。

3）在工程保修期内，明确保修责任者，做好保修期间的费用控制。

4.3 施工项目成本控制的步骤

在确定了施工项目成本计划之后，必须定期地进行施工项目成本计划值与实际值的比较，当实际值偏离计划值时，就要分析产生偏差的原因，采取适当的纠偏措施，以确保施工项目成本控制目标的实现。其步骤如下：

（1）比较　在确定了项目成本控制目标之后，必须定期地进行成本计划值与实际值的比较。

（2）分析　在比较的基础上，对比较的结果进行分析，以确定偏差的严重性及产生偏差的原因。这一步是成本控制工作的核心，其主要目的在于找出产生偏差的原因，从而采取有针对性的措施，减少或避免相同原因偏差的再次发生或减少发生后的损失。

（3）预测　根据项目实施情况估算整个项目完成时的成本。预测的目的在于为成本控制决策提供信息支持。

（4）纠偏　当施工项目的实际成本出现了偏差，应当根据工程的具体情况、偏差分析和预测的结果，采取适当的措施，以期达到成本偏差尽可能小的目的。纠偏是成本控制中最具实质性的一步。只有通过纠偏，才能最终达到有效控制成本的目的。

（5）检查　它是指对工程的进展进行跟踪和检查，及时了解工程进展状况以及纠偏措施的执行情况及其效果，为今后的工作积累经验。

上述5个步骤是一个完整的、有机的整体，在实践中它们构成一个周期性的循环过程。

4.4　各类费用成本控制的要求

施工阶段是控制建设工程项目成本发生的主要阶段，它通过确定成本目标并按计划成本进行施工和资源配置，对施工现场发生的各种成本费用进行有效控制，其具体的控制要求如下：

1. 人工费的控制

人工费的控制按照"量价分离"的原则，将作业用工及零星用工按定额工日的一定比例综合地确定用工数量与单价，通过劳务合同进行控制。

2. 材料费的控制

材料费的控制同样按照"量价分离"原则，控制材料用量和材料价格。

（1）材料用量的控制　在保证符合设计要求和质量标准的前提下，合理使用材料，通过定额管理、计量管理等手段有效控制材料物资的消耗，具体要求是：

1）定额控制。对于有消耗定额的材料，以消耗定额为依据，实行限额发料制度。在规定限额内分期分批领用，超过限额领用的材料，必须先查明原因，经过一定审批手续方可领用。

2）指标控制。对于没有消耗定额的材料，则实行计划管理和按指标控制的办法。根据以往项目的实际耗用情况，结合具体施工项目的内容和要求，制定领用材料指标，据此控制发料。超过指标的材料必须经过一定的审批手续方可领用。

3）计量控制。准确做好材料物资的收发计量检查和投料计量检查。

4）包干控制。在材料使用过程中，对部分小型及零星材料（如钢钉、钢丝等）根据工程量计算出所需材料量，将其折算成费用，由作业者包干控制。

（2）材料价格的控制　材料价格主要由材料采购部门控制。材料价格是由购买价、运杂费、运输中的合理损耗等组成的，控制材料价格主要是通过掌握市场信息，应用招标和询价等方式控制材料、设备的采购价格。

施工项目的材料物资包括构成工程实体的主要材料和结构件，以及有助于工程实体形成的周转使用材料和低值易耗品。从价值角度看，材料物资的价值约占建筑安装工程造价的70%以上，其重要程度自然是不言而喻的。由于材料物资的供应渠道和管理方式各不相同，所以控制的内容和所采取的控制方法也有所不同。

3. 机械使用费的控制

合理选择、合理使用施工机械设备对成本控制具有十分重要的意义，尤其是高层建筑施工。据某些工程实例统计，高层建筑地面以上部分的总费用中，垂直运输机械费用占6%～10%。由于不同的起重运输机械各有不同的用途和特点，因此在选择起重运输机械时，应根据工程特点和施工条件确定采取不同起重运输机械的组合方式。在确定采用何种组合方式时，首先应满足施工需要，同时还要考虑到费用的高低和综合经济效益。

施工机械使用费主要由台班数量和台班单价两方面决定，为有效控制施工机械使用费支出，主要从以下几个方面进行控制：

1）合理安排施工生产，加强设备租赁计划管理，减少因安排不当引起的设备闲置。
2）加强机械设备的调度工作，尽量避免窝工，提高现场设备利用率。
3）加强现场设备的维修保养，避免因不正确使用造成机械设备的停置。
4）做好机上人员与辅助生产人员的协调与配合，提高施工机械台班生产。

4. 分包费用的控制

分包工程费用必然对项目经理部的施工项目成本产生一定的影响。因此，施工项目成本控制的重要工作之一是对分包费用的控制。项目经理部应在确定施工方案的初期就确定需要分包的工程范围。决定分包范围的因素主要是施工项目的专业性和项目规模。对分包费用的控制主要是要做好分包工程的询价、订立平等互利的分包合同、建立稳定的分包关系网络、加强施工验收和分包结算等工作。

4.5 常用的成本控制分析方法

施工项目成本控制的每一个步骤都有一些方法，以下介绍一些常用的分析方法：

1. 横道图法

用横道图法进行成本偏差分析，是用不同的横道标识拟完工程预算成本、已完工程实际成本和已完工程预算成本，横道的长度与其金额成正比。由于这种方法反映的信息较少，一般应用于较高的管理层。如图4-1所示。

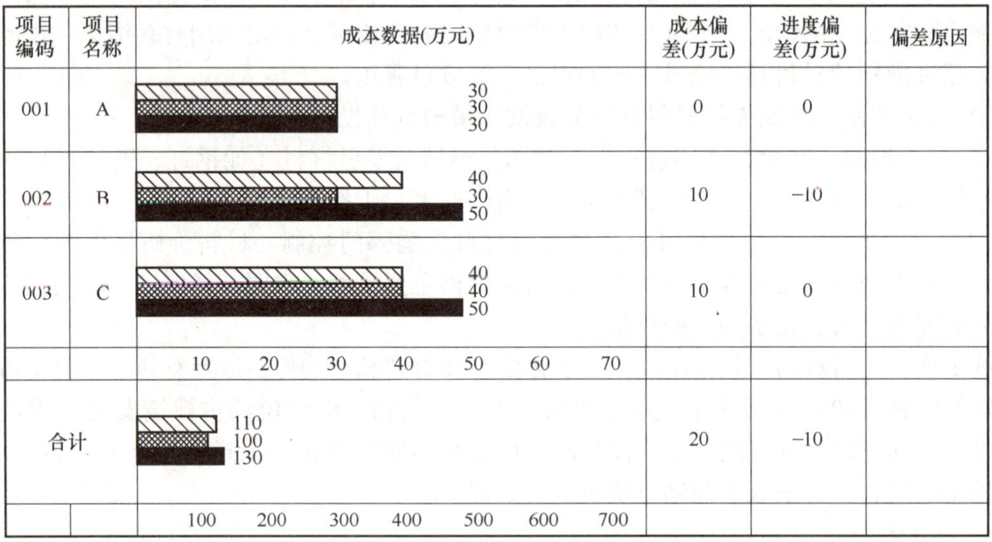

项目编码	项目名称	成本数据(万元)	成本偏差(万元)	进度偏差(万元)	偏差原因
001	A	30 / 30 / 30	0	0	
002	B	40 / 30 / 50	10	−10	
003	C	40 / 40 / 50	10	0	
		10 20 30 40 50 60 70			
合计		110 / 100 / 130	20	−10	
		100 200 300 400 500 600 700			

图4-1 用横道图法进行成本偏差分析示例

2. 表格法

表格法将项目编码、项目名称、各项成本参数、施工成本偏差参数综合归纳入一张表格，并且直接在表格中进行比较。由于各项偏差参数都在表中列出，使得成本管理者能够综合地了解这些数据。施工成本偏差分析见表4-1。

表4-1 施工成本偏差分析

项 目 编 码	(1)	011	012	013
项目名称	(2)	××土建	××土建	××土建
单位	(3)			
计划单价	(4)			
拟完工程量	(5)			
拟完工程计划成本	(6) = (4) × (5)			
已完工程量	(7)			
已完工程计划成本	(8) = (4) × (7)			
实际单价	(9)			
其他款项	(10)			
已完工程实际成本	(11) = (7) × (9) + (10)			
施工成本局部偏差	(12) = (11) − (8)			
施工成本局部偏差度	(13) = (11)/(8)			
施工成本累计偏差	(14) = ∑(12)			
施工成本累计偏差程度	(15) = ∑(11)/∑(8)			
进度局部偏差	(16) = (6) − (8)			
进度局部偏差程度	(17) = (6)/(8)			
进度累计偏差	(18) = ∑(16)			
进度累计偏差程度	(19) = ∑(6)/∑(8)			

3. 挣值法

挣值法又称赢得值法或偏差分析法，是用以分析目标实施与目标期望之间差异的一种方法。挣值法通过测量和计算已完成工作的预算费用与已完成工作的实际费用，将其与计划工作的预算费用相比较得到项目的费用偏差和进度偏差，从而达到判断项目费用和进度计划执行状况的目的。如图4-2所示。

该方法的分析对象一般是整个工程或某合同工程。其将已完工程实际成本与已完工程预算成本相比较，可确定工程成本是否符合原计划。也可将拟完工程预算成本与已完工程预算成本进行比较，分析工程进度是否符合计划要求。该方法有下列三个参数及四个评价指标。

（1）挣值法的三个基本参数

1）拟完工程预算成本 BCWS（Budgeted Cost for Work Scheduled）。拟完工程预算成本也称拟完工程计划成本，是指在某一时刻计划应当完成的工程，以预算（计划）单价为标准所需要的资金总额。一般来说，除非合同有变更，BCWS在工作实施过程中应保持不变。

$$BCWS = 计划完成工程量 \times 预算（计划）单价 \qquad (4-1)$$

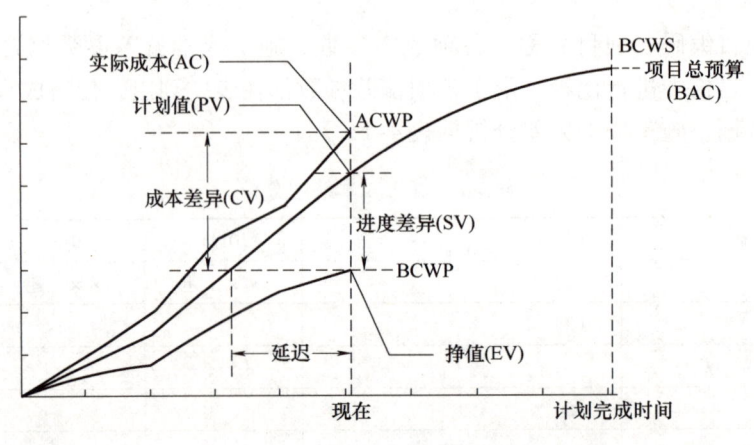

图 4-2 挣值法示意图

2) 已完工程实际成本 ACWP（Actual Cost for Work Performed）。已完工程实际成本是指在某一时刻已经完成的工程实际所花费的资金总额。

$$ACWP = 实际已完成工程量 \times 实际单价 \tag{4-2}$$

3) 已完工程预算成本 BCWP（Budgeted Cost for Work Performed）。已完工程预算成本是指在某一时间已经完成的工程，以批准认可的预算（计划）单价为标准所需要的资金总额。由于业主正是根据这个值向承包商完成的工程量支付相应的费用，也就是承包商获得（挣得）的金额，故称赢得值或挣得值（Earned Value）。

$$BCWP = 实际已完成工程量 \times 预算（计划）单价 \tag{4-3}$$

（2）**挣值法的四个评价指标**　在这三个基本参数的基础上，可以确定挣值法的四个评价指标，它们也都是时间的函数。

1) 费用偏差（Cost Variance，CV）。

$$费用偏差(CV) = 已完工程预算成本(BCWP) - 已完工程实际成本(ACWP) \tag{4-4}$$

当费用偏差（CV）为负值时，即表示项目运行超出预算费用；当费用偏差 CV 为正值时，表示项目运行节支，实际费用没有超出预算费用。

2) 进度偏差（Schedule Variance，SV）。

$$进度偏差(SV) = 已完工程预算成本(BCWP) - 拟完工程预算成本(BCWS) \tag{4-5}$$

当进度偏差（SV）为负值时，表示进度延误，即实际进度落后于计划进度；当进度偏差 SV 为正值时，表示进度提前，即实际进度快于计划进度。

3) 费用绩效指数（CPI）。

$$费用绩效指数(CPI) = 已完工程预算成本(BCWP)/已完工程实际成本(ACWP) \tag{4-6}$$

当费用绩效指数（CPI）<1 时，表示超支，即实际费用高于预算费用；当费用绩效指数（CPI>1 时，表示节支，即实际费用低于预算费用。

4) 进度绩效指数（SPI）。

$$进度绩效指数(SPI) = 已完工程预算成本(BCWP)/拟完工程预算成本(BCWS) \tag{4-7}$$

当进度绩效指数 SPI<1 时，表示进度延误，即实际进度比计划进度拖后；当进度绩效指数 SPI>1 时，表示进度提前，即实际进度比计划进度快。

采用挣值法参数分析与对应措施见表4-2。

表4-2 挣值法参数分析与对应措施

图　形	三参数关系	分　析	措　施
	ACWP > BCWS > BCWP； SV < 0；CV < 0	效率低、进度较慢、投入超前	用工作效率高的人员更换一批工作效率低的人员
	BCWP > BCWS > ACWP； SV > 0；CV > 0	效率高、进度较快、投入延后	若偏离不大、维持现状
	BCWP > ACWP > BCWS； SV > 0；CV > 0	效率较高、进度快、投入延后	抽出部分人员，放慢进度
	ACWP > BCWP > BCWS； SV > 0；CV < 0	效率较低、进度较快、投入超前	抽出部分人员，增加少量骨干人员
	BCWS > ACWP > BCWP； SV < 0；CV < 0	效率较低、进度慢、投入延后	增加高效人员投入
	BCWS > BCWP > ACWP； SV < 0；CV > 0	效率较高、进度较慢、投入超前	迅速增加人员投入

【例4-1】 某项目进度11周时，对前10周的工作进行统计，情况见表4-3。

表4-3 前10周的工作统计情况

工作项目	拟完工程预算成本（万元）	已完工作量（%）	实际发生成本（万元）	挣得值
A	400	100	400	
B	450	100	460	
C	700	80	700	
D	150	100	150	
E	500	100	520	
F	800	50	400	
G	1000	60	700	
H	300	100	300	

(续)

工作项目	拟完工程预算成本（万元）	已完工作量（%）	实际发生成本（万元）	挣得值
I	120	100	120	
J	1200	40	600	
合计				

【问题】

（1）求出前10周的BCWP及第10周末的BCWP。

（2）计算第10周末的ACWP及BCWS。

（3）计算第10周末的CV、SV，并进行分析。

（4）计算第10周末的CPI、SPI，并进行分析。

【解】（1）计算前10周的BCWP及10周末的BCWP，见表4-4。

表4-4 前10周的BCWP及第10周末的BCWP计算

工作项目	拟完工程预算成本（万元）	已完工作量占比（%）	实际发生成本（万元）	挣得值（万元）
A	400	100	400	400
B	450	100	460	450
C	700	80	700	560
D	150	100	150	150
E	500	100	520	500
F	800	50	400	400
G	1000	60	700	600
H	300	100	300	300
I	120	100	120	120
J	1200	40	600	480
合计				3960

注：挣得值＝已完工作量占比×拟完工作计划成本。

（2）计算第10周末的ACWP及BCWS，见表4-5。

表4-5 10周末的ACWP及BCWS计算

工作项目	拟完工程预算成本（万元）	已完工作量（%）	实际发生费用（万元）	挣得值（万元）
A	400	100	400	400
B	450	100	460	450
C	700	80	700	560
D	150	100	150	150
E	500	100	520	500
F	800	50	400	400
G	1000	60	700	600
H	300	100	300	300
I	120	100	120	120
J	1200	40	600	480
合计	5620		4350	3960

（3）计算第 10 周末的 CV、SV，并进行分析。
CV = BCWP − ACWP = (3960 − 4350) 万元 = −390 万元　超支
SV = BCWP − BCWS − (3960 − 5620) 万元 = −1660 万元　进度拖后
BCWS > ACWP > BCWP，说明企业效率低，增加高效人员的投入。
（4）计算第 10 周末的 CPI、SPI，并进行分析。
CPI = 3960 万元/4350 万元 = 0.910　超支
SPI = 3960 万元/5620 万元 = 0.705　进度拖后
说明实际发生的费用比已完工程预算多，但工作进度还是拖后了，因此项目状况不好，须加快并控制费用。

【例 4-2】　某中学工程项目由天成建筑工程公司中标承建，原设计为 A、B、C、D、E、F 六栋六层砖混结构建筑，后因安全问题全部变更为钢筋混凝土框架结构建筑，但竣工日期不能更改。面对这一重大改变，项目经理在成本管理方面采取了以下一些措施：

（1）对工程技术人员的成本管理责任要求如下：降低质量成本的指标，合理化建议减低成本指标。

（2）对工程材料管理人员的成本管理环节要求如下：大宗材料由招标择优采购；严格材料进场计量和验收。

（3）工程实施过程中，绘制了 A 栋建筑的计划进度和实际进度，见表 4-6。

表 4-6　A 栋建筑的计划进度与实际进度表　　　　　　　　（单位：万元）

分项工程	进度计划（周）								
	1	2	3	4	5	6	7	8	9
A	9／9／9	9／8／9							
B			10／9／10	10／10／10	10／9／10				
C					7／8／7	7／7／7	7／6／7		
D							5／4／5	5／4／5	5／5／5

注：1. 表中第一道线表示计划进度，其上方数据为每周拟完工程预算成本（粗实线：———）。
　　2. 表中第二道线表示实际进度，其上方数据为每周已完工程实际成本（粗虚线：- - - -）。
　　3. 假定各分项工程每周计划完成总工程量和实际完成总工程量相等，且进度均匀进展，绘制表中第三道线为已完工程预算成本（一般情况下题目条件中没有，应自行补绘）（粗点画线：—·—）。

【问题】

(1) 项目经理部对工程技术人员的成本管理责任要求是否全面？如果不全面请补充。

(2) 项目经理部对材料管理人员的成本责任要求是否全面？如果不全面请补充。

(3) 计算A栋建筑每周成本数据，并将结果列表。

(4) 分析第4周末和第7周末的成本偏差（CV）和进度偏差（SV）。

(5) 计算第8周末的成本绩效指数（CPI）和进度绩效指数（SPI）并分析成本和进度的状况。

【解】

(1) 不全面，理由如下：

1) 对技术人员应划分责任中心，明确责任范围。

2) 应有技术措施，通过对不同方案的比较进行技术经济分析。

3) 应编制资金使用计划，确定、分解施工管理成本目标。

4) 技术人员应有详细的施工平面图，保证整个施工过程的质量。

5) 应确定合理且详细的工作流程、工作计划，落实到成本管理的组织机构和人员的工作。

6) 应有安全管理措施，进行风险分析，通过对引起成本变动的风险因素的识别和分析，制定防范性对策。

(2) 不全面，理由如下：

1) 材料用量的控制。根据施工图预算、企业技术装备水平、施工人员的综合素质及工艺质量要求，测算合理的材料耗用率指标。

2) 材料采购环节的控制。材料采购主要由物资设备部进行。首先要对市场行情进行调查，在保质保量的前提下货比三家，择优购料；其次是合理组织运输，就近购料，选用最经济的运输方式以降低运输成本；最后综合市场调查的情况，选择多家供应商进行招标，择优确定中标单位。

3) 在材料控制中应考虑资金使用的时间价值，尽量减少资金占用，合理确定各种材料的进场时间、堆放地点和数量，尽量避免材料二次搬运费用的发生。

(3) 根据表4-6，A栋建筑的成本数据计算表见表4-7。

表4-7 A栋建筑的成本数据计算表 （单位：万元）

项目	成本数据（周）								
	1	2	3	4	5	6	7	8	9
每周拟完工程预算成本BCWS（万元）	9	19	10	10	7	7	12	5	5
拟完工程预算成本累计（万元）	9	28	38	48	55	62	74	79	84
每周已完工程实际成本ACWP（万元）	9	8	9	10	17	7	10	4	5
已完工程实际成本累计（万元）	9	17	26	36	53	60	70	74	79
每周已完工程预算成本BCWP（万元）	9	9	10	10	17	7	12	5	5
已完工程预算成本累计（万元）	9	18	28	38	55	62	74	79	84

(4) 第4周末和第7周末的成本偏差（CV）和进度偏差（SV）分析如下：
1) 第4周末费用偏差：
CV = 已完工程预算成本 – 已完工程实际成本 = (38 – 36) 万元 = 2 万元，实际运行费用节约。
2) 第4周末进度偏差：
SV = 已完工程预算成本 – 拟完工程预算成本 = (38 – 48) 万元 = –10 万元，进度拖后。
3) 第7周末费用偏差：
CV = 已完工程预算成本 – 已完工程实际成本 = (74 – 70) 万元 = 4 万元，实际运行费用节约。
4) 第7周末进度偏差：
SV = 已完工程预算成本 – 拟完工程预算成本 = (74 – 74) 万元 = 0 万元，进度正常。
(5) 第8周末的成本绩效指数（CPI）和进度绩效指数（SPI）计算及成本和进度的状况分析如下：
1) 成本绩效指数（CPI）= 已完工程预算成本/已完工程实际成本 = 79 万元/74 万元 > 1，成本绩效指数（CPI）> 1 时，表示实际费用低于预算费用。
2) 进度绩效指数（SPI）= 已完工程预算成本/拟完工程预算成本 = 79 万元/79 万元 = 1，进度绩效指数（SPI）= 1，表示进度正常，即实际进度等于计划进度。
绘制的时间-成本曲线如图4-3所示。

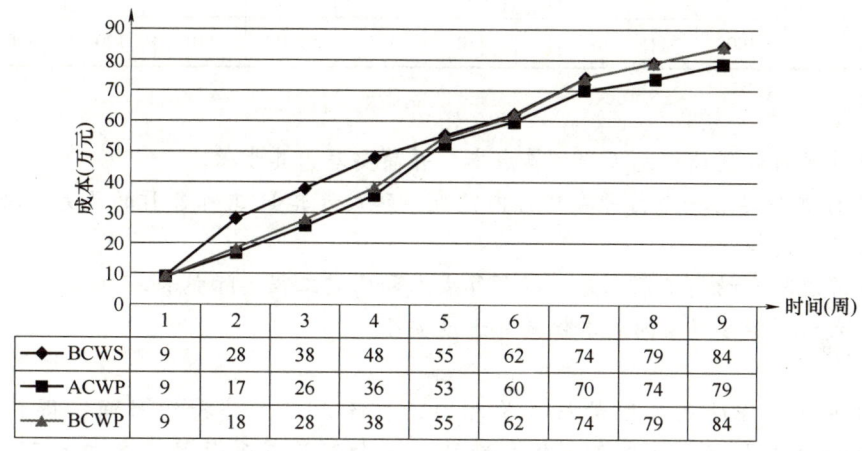

图4-3 时间-成本曲线

【例4-3】 某施工单位按合同工期要求编制了混凝土结构工程施工进度时标网络计划，如图4-4所示，并经专业监理工程师审核批准。

该工程于某年1月开始正式施工，各项工作均按最早开始时间安排，且各项工作每月所完成的工程量相等。各项工作的计划工作量和实际工作量见表4-8，混凝土工程价格指数见表4-9。工作D、E、F的实际工作持续时间与计划工作持续时间相同。混凝土工程预算价格为500元/m³。

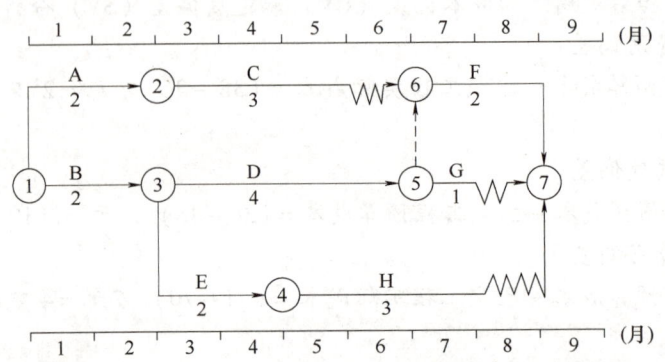

图 4-4 施工进度时标网络计划

表 4-8 计划工作量和实际工作量

工作项目	A	B	C	D	E	F	G	H
计划工作量/m³	17200	18000	10800	20000	10400	12400	2000	7200
实际工作量/m³	17200	18000	10800	18400	10000	11600	2000	10000

表 4-9 混凝土工程价格指数

时间	基期	1月	2月	3月	4月	5月	6月	7月	8月	9月
价格指数（%）	100	115	105	110	115	110	110	120	110	110

【问题】

(1) 计算每月和累计拟完工程预算成本，并简要写出其步骤。

(2) 若 H 工作延后一个月并在 9 月内完成，列式计算 H 工作各月的已完工程预算成本和已完工程实际成本。

(3) 计算混凝土结构工程已完工程预算成本和已完工程实际成本。

(4) 列式计算第 8 月末的成本偏差和进度偏差。

【解】

(1) 将各项工作计划工程量与单价相乘后，除以该工作持续时间，得到各工作每月拟完工程预算成本额；再将各工作分别按月纵向汇总得到每月拟完工程预算成本额；然后逐月累加得到各月累计拟完工程预算成本额，最直接的做法是绘制带有成本额的横道图。

(2) H 工作在 6～9 月每月计划完成工程量为 7200m³ ÷ 4 月 = 1800m³/月。

H 工作 6～9 月已完工程预算成本均为 1800m³/月 × 500 元/m³ = 90 万元/月。

H 工作在 6～9 月每月实际完成工程量为 10000m³ ÷ 4 月 = 2500m³/月。

H 工作 6～9 月已完工程预算成本均为 2500m³/月 × 500 元/m³ = 125 万元/月。

考虑价格波动因素，H 工作 6～9 月已完工程实际成本为：

6 月份 125 万元/月 × 110% = 137.5 万元/月；

7 月份 125 万元/月 × 120% = 150 万元/月；

8月份125万元/月×110% = 137.5万元/月；

9月份125万元/月×110% = 137.5万元/月。

（3）按第二步计算的逻辑，全部分项工程的混凝土结构工程已完工程预算成本和已完工程实际成本计算结果见表4-10。

表4-10 混凝土结构工程已完工程预算成本和已完工程实际成本计算结果

分项工程	挣值参数	进度计划（月）								
		1	2	3	4	5	6	7	8	9
A	BCWS	430	430							
	ACWP	494.5	451.5							
	BCWP	430	430							
B	BCWS	450	450							
	ACWP	517.5	472.5							
	BCWP	450	450							
C	BCWS			180	180	180				
	ACWP			148.5	155.25	148.5	148.5			
	BCWP			135	135	135	135			
D	BCWS			250	250	250	250			
	ACWP			253	264.5	253	253			
	BCWP			250	250	250	250			
E	BCWS			260	260					
	ACWP			275	287.5					
	BCWP			260	260					
F	BCWS								310	310
	ACWP								372	319
	BCWP								310	310
G	BCWS							100		
	ACWP							60	55	
	BCWP							50	50	
H	BCWS					120	120	120		
	ACWP						137.5	150	137.5	137.5
	BCWP						90	90	90	90
每月成本合计	BCWS	880	880	690	690	550	370	530	310	0
	ACWP	1012	924	676.5	707.25	401.5	539	582	511.5	137.5
	BCWP	880	880	645	645	385	475	450	450	90
每月成本累计	BCWS	880	1760	2450	3140	3690	4060	4590	4900	4900
	ACWP	1012	1936	2613	3319.8	3721.3	4260.25	4842.25	5353.75	5491.25
	BCWP	880	1760	2405	3050	3435	3910	4360	4810	4900

（4）列式计算第 8 月末的成本偏差和进度偏差。

CV = BCWP − ACWP =（4810 − 5353.75）万元 = 543.75 万元　费用超支

SV = BCWP − BCWS =（4810 − 4900）万元 = 90 万元　进度拖后

绘制时间 - 成本曲线如图 4-5 所示。

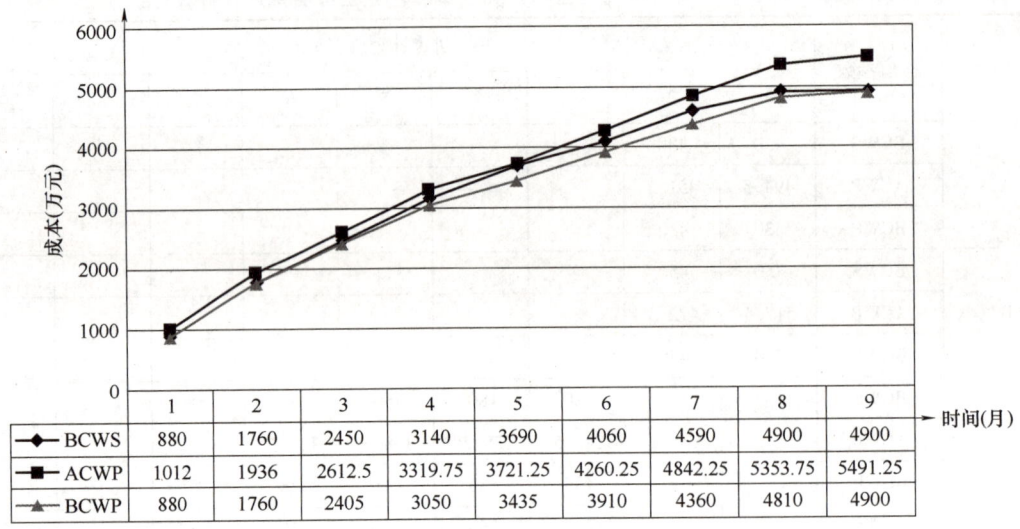

图 4-5　时间 - 成本曲线

4. 价值工程法

价值工程法是运用集体的智慧和有组织的活动，着重对产品进行功能分析，使之用最低的总成本可靠地实现产品的必要功能，从而提高产品价值的一套科学的经济分析方法。

价值工程中价值的含义是产品的一定功能与获得这种功能所支出的费用之比，即

$$价值(V) = 功能(F)/成本(C) \tag{4-8}$$

其中，功能是指研究对象（产品）所具有的能够满足某种需要的属性或效用；成本是指产品在寿命期内所花费的全部费用，包括生产成本和使用成本。

由此可见，提高产品价值有以下五种途径：

1）在提高功能水平的同时，降低成本。
2）在保持成本不变的情况下，提高功能水平。
3）在保持功能水平不变的情况下，降低成本。
4）成本稍有增加，但功能水平大幅度提高。
5）功能水平稍有下降，但成本大幅度下降。

【例 4-4】　某企业承建了某写字楼工程，预算成本为 1 亿元，该工程划分为地基处理工程、地下结构工程、主体结构工程、装饰装修工程。企业要求该施工项目经理部降低成本 8%。试用价值工程确定成本降低目标。

【解】　用价值工程确定成本降低目标，方法如下：

（1）对各分部工程进行功能评分，见表 4-11。

（2）根据施工图预算确定各主要分部工程的预算成本，见表4-11。
（3）计算分部工程的功能评分系数、成本系数和价值系数，见表4-11。
（4）用价值工程求出降低成本的工程对象和目标。

企业要求的成本降低率为8%，即目标成本为10000万元×（1-8%）=9200万元。按功能评分系数进行分配，如地基处理工程目标成本为9200万元×0.06=552万元，成本降低额为（500-552）万元=-52万元，其他项目依次类推，见表4-11。

表4-11 价值工程分析表

分部工程	功能评分	功能评分系数	预算成本（万元）	成本系数	价值系数	目标成本（万元）	成本降低额（万元）
地基处理工程	6	0.06	500	0.05	1.20	552	-52
地下结构工程	9	0.09	1000	0.10	0.90	828	172
主体结构工程	42	0.42	4000	0.40	1.05	3864	136
装饰装修工程	43	0.43	4500	0.45	0.956	3956	544
合计	100	1.00	10000	1.00		9200	800

根据价值工程原理，价值系数小于1的项目，应该在功能水平不变的条件下降低成本，或在成本水平不变的条件下提高功能；价值系数大于1的项目，如果是重要的功能，应该增加成本投入，如果该项功能不重要，可不做改变。由表4-11中成本降低额和价值系数可知，降低成本潜力最大的是装饰装修工程，其次是地下结构工程和主体结构工程，地基处理工程预算成本低于目标成本，可考虑不用降低成本。

在工程项目中，工期短、成本低、质量好是人们努力追求的目标。但是工期和成本是相互关联、相互制约的。在生产效率一定的条件下，要提高施工速度，缩短施工工期就必须集中更多的人力、物力于某项工程上。为此，势必要扩大施工现场的仓库、堆场、各种临时房屋、安装工具和附属加工企业的规模和数量，势必要增加施工临时供电、供水、供热等设施的能力，其结果将引起工程费用的增加。所以，在网络计划管理中，考虑工期-费用优化问题，是有现实意义的。

5. 费用优化法

费用优化法也称为工期-费用优化法或工期成本优化法，是指寻求工程总成本最低时的工期安排，或按要求工期寻求最低成本的计划安排的过程。

在建设工程施工过程中，完成一项工作通常可以采用多种施工方法和组织方法，而不同的施工方法和组织方法，又会有不同的持续时间和费用。由于一项建设工程往往包含许多工作，所以在安排建设工程进度计划时，就会出现许多方案。进度方案不同，所对应的总工期和总费用也就不同。为了能从多种方案中找出总成本最低的方案，必须首先分析费用和时间之间的关系。

（1）**成本与工期的关系** 工程总成本由直接成本和间接成本组成。直接成本由人工费、材料费、机械使用费、措施项目费等组成。施工方案不同，直接成本也就不同；施工方案一定，工期不同，直接成本也不同。直接成本随着工期的缩短先减少后增加。间接成本包括企业经营管理的全部费用，它一般会随着工期的缩短而减少。在考虑工程总成本时，还应考虑工期变化带来的其他损益，包括效益增量和资金的时间价值等。工程工期-成本曲线如图4-6所示。

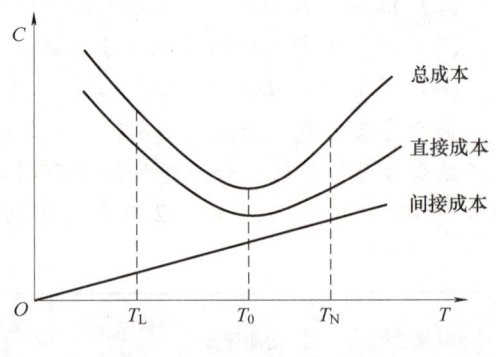

图4-6 工期-成本曲线

T_L—最短工期　T_0—最优工期　T_N—正常工期

(2) <u>直接成本与持续时间的关系</u>　由于网络计划的工期取决于关键工作的持续时间，为了进行工期成本优化，必须分析网络计划中各项工作的直接成本与持续时间之间的关系，它是网络计划工期成本优化的基础。

工作的直接成本与持续时间之间的关系类似于工程直接成本与工期之间的关系，工作的直接成本随着持续时间的缩短先减少后增加，如图4-6所示。为简化计算，工作的直接成本与持续时间之间的关系被近似地认为是一条直线关系。当工作划分不是很粗时，其计算结果还是比较精确的。

工作的持续时间每缩短单位时间而增加的直接成本称为直接费用率。工作的直接费用率越大，说明将该工作的持续时间缩短一个时间单位，所需增加的直接成本就越多；反之，将该工作的持续时间缩短一个时间单位，所需增加的直接成本就越少。因此，在压缩关键工作的持续时间以达到缩短工期的目的时，应将直接费用率最小的关键工作作为压缩对象。当有多条关键线路出现而需要同时压缩多个关键工作的持续时间时，应将它们的直接费用率之和（组合直接费用率）最小者作为压缩对象。

网络计划的总成本是由直接成本和间接成本组成的。直接成本随工期的缩短而增加；间接成本随工期的缩短而减少。由于直接成本随工期缩短而增加，间接成本随工期缩短而减少，故必定有一个总成本最小的工期T_0。

(3) <u>工期成本优化的目的</u>

1）寻找直接成本与间接成本总和（总成本）最低的工期安排T_0，以及与此相适应的网络计划中各项工作的进度安排。

2）在工期规定的条件下，寻求与此工期相对应的最低成本，以及与此相适应的网络计划中各工作的进度安排。

基本思路：进行工期-成本优化，主要在于求出不同工期下的直接成本和间接成本的总和。由于关键线路的持续时间是决定工期长短的依据，因此缩短工期首先要缩短关键工作的持续时间。而各工作的费用率不同，即缩短单位持续时间所增加的费用不一样，因此在关键工作中，首先应缩短费用率最小的关键工作的持续时间。

(4) <u>工期成本优化的步骤</u>

1）计算出工程总直接成本，即该工程全部工作直接成本的总和。

2）计算各项工作的直接费率。直接成本的费用率简称为直接费率，是缩短工作持续时间每一单位时间所需增加的直接成本。

3）找出网络的关键线路，并计算出计算工期。

4）在网络计划中找出直接费率最低的一项关键工作或一组关键工作，作为缩短持续时间的对象。

5）缩短所找出的关键工作的持续时间，其缩短值必须保证该缩短持续时间的工作仍为关键工作，以缩短后的持续时间不少于最短持续时间为原则。

6）计算相应的成本变化值。

7）计算工期变化带来的间接成本及其他损益，并在此基础上计算总成本。

8）重复上述第4）~7）步骤直到总成本不再降低为止，但应首先满足规定的工期。

【例4-5】 如图4-7所示网络计划，经成本优化：间接成本10万元/周；箭线上为直接成本，箭线下为作业时间；括号内为极限作业时间及直接成本，括号外为正常作业时间及成本；直接成本单位为万元；工作时间单位为周。

【问题】 试进行工期成本优化计算。

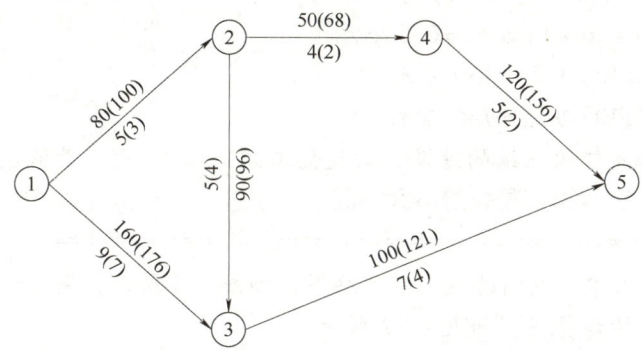

图4-7 网络计划图

【解】
（1）关键线路为①→②→③→⑤时，$T_N = (5+5+7)$周 $= 17$周
直接成本：$\sum C_1 = (80+50+120+90+160+100)$万元 $= 600$万元
间接成本：$C_2 = 10$万元/周 $\times 17$周 $= 170$万元
总成本：$(600+170)$万元 $= 770$万元

（2）计算各项工作的直接费率，得
$$a_{1-2} = (100-80)万元/(5-3)周 = 10 万元/周$$
$$a_{1-3} = 8 万元/周$$
$$a_{2-3} = 6 万元/周$$
$$a_{2-4} = 9 万元/周$$
$$a_{3-5} = 7 万元/周$$
$$a_{4-5} = 12 万元/周$$

因为其中的 a_{2-3} 直接费率最低，则选②→③压缩。

（3）在关键线路①→②→③→⑤上压缩②→③ 1周，$T_N = (17-1)$周 $= 16$周。
直接成本：600万元 $+ 1$周 $\times 6$万元/周 $= 606$万元

间接成本：$(10×16)$ 万元 $=160$ 万元

总成本：606 万元 $+160$ 万元 $=766$ 万元

(4) 此时关键线路有两条：①→②→③→⑤和①→③→⑤，$T_N=16$ 周。

可压缩：①→②和①→③同时压缩，直接费率共 18 万元/周（10 万元/周 +6 万元/周 = 18 万元/周）；③→⑤压缩，直接费率 7 万元/周。

因为其中的 a_{3-5} 直接费率最低，则选第二次压缩③→⑤，压缩 2 周，$T_N=(16-2)$ 周 $=14$ 周。

直接成本：$(606+7×2)$ 万元 $=620$ 万元

间接成本：$(10×14)$ 万元 $=140$ 万元

总成本：$(620+140)$ 万元 $=760$ 万元

(5) 此时关键线路仍有两条：①→②→③→⑤和①→③→⑤，$T_N=14$ 周。

第三次同时压缩：②→④/③→⑤，压缩 1 周，直接费率共 16 万元/周（9 万元/周 +7 万元/周 =16 万元/周），$T_N=(14-1)$ 周 $=13$ 周。

直接成本：$(620+16×1)$ 万元 $=636$ 万元

间接成本：$(13×10)$ 万元 $=130$ 万元

总成本：$(636+130)$ 万元 $=766$ 万元

(6) 结论：选择第二次压缩的结果，则最优工期 $T_N=14$ 周，最低成本为 760 万元，关键线路有两条为①→②→③→⑤和①→③→⑤。

【例 4-6】 某施工单位编制的某工程网络图，如图 4-8 所示，网络进度计划原始方案各项工作的持续时间和估计费用，如表 4-12 所示。

表 4-12 各项工作的持续时间和费用

工 作	持续时间/天	费用（万元）	工 作	持续时间/天	费用（万元）
A	12	18	G	8	16
B	26	40	H	28	37
C	24	25	I	4	10
D	6	15	J	32	64
E	12	40	K	16	16
F	40	120			

【问题】

(1) 计算网络进度计划原始方案各项工作的时间参数，确定网络进度计划原始方案的关键路线和计算工期。

(2) 若施工合同规定：工程工期 93 天，工期每提前一天奖励施工单位 3 万元，每延期一天对施工单位罚款 5 万元。计算按网络进度计划原始方案实施时的综合费用。

(3) 该网络进度计划各项工作的可压缩时间及压缩单位时间增加的费用见表 4-13，确定该网络进度计划的最低综合费用和相应的关键路线，并计算调整优化后的总工期（要求写出调整优化过程）。

表 4-13　各项工作的可压缩时间及压缩单位时间增加的费用

工作	可压缩时间/天	压缩单位时间增加的费用（万元/天）	工作	可压缩时间/天	压缩单位时间增加的费用（万元/天）
A	2	2	G	1	2
B	2	4	H	2	1.5
C	2	3.5	I	0	
D	0		J	2	6
E	1	2	K	2	2
F	5	2			

【解】（1）网络进度计划时间参数计算如图 4-8 所示。

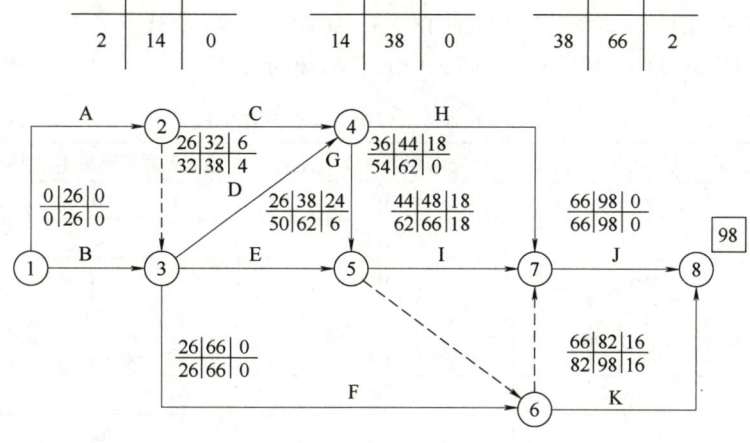

图 4-8　网络时间参数计算

关键路线：①→③→⑥→⑦→⑧（或关键工作为 B、F、J；或在图中直接标出）。
计算工期：98 天（或在图中标出）。
（2）计算综合费用：
原始方案估计费用 =（18 + 40 + 25 + 15 + 40 + 120 + 16 + 37 + 10 + 64 + 16）万元 = 401 万元
延期罚款 = [5 ×（98 - 93）]万元 = 25 万元
综合费用 =（401 + 25）万元 = 426 万元

本章总结

施工项目成本控制是指项目在施工过程中，对影响施工项目成本的各种因素加强管理，并采取各种有效措施，将施工中实际发生的各种消耗和支出严格控制在成本计划范围内。施工项目成本控制的核心是对施工过程和成本计划进行实时监控，严格审查各项费用支出是否符合标准，计算实际成本和计划成本之间的差异并进行分析。

施工项目成本控制的依据有：工程承包合同、施工成本计划、进度报告和工程变更。在确定了施工项目成本计划之后，必须定期地进行施工项目成本计划值与实际值的比较，当实际值偏离计划值时，就要分析产生偏差的原因，采取适当的纠偏措施，以确保施工项目成本控制目标的实现。

施工项目成本控制的常用分析方法有横道图法、表格法、挣值法、价值工程法、费用优化法等。

思考题及习题

4.1　工程项目成本控制的原则是什么？
4.2　工程项目成本控制的方法有哪些？
4.3　挣值法在工程项目中应用的优点有哪些？
4.4　成本控制在工程项目管理中的重要作用是什么？
4.5　对某项目前 20 周的进展情况进行统计调查，列于表 4-14。

【问题】
（1）计算每项工作的 BCWP 及第 20 周末的 BCWS、ACWP、BCWP 合计。
（2）计算第 20 周末的 CV、SV、CPI、SPI，并分析成本和进度状况。

表 4-14　某项目前 20 周的进展情况统计调查

工 作 代 号	拟完工程预算成本（万元）	已完工程量百分比（%）	已完工程实际成本（万元）	挣值
A	200	100	210	
B	220	100	220	
C	400	100	430	
D	250	100	250	
E	300	100	310	
F	540	50	400	
G	840	100	800	
H	600	100	600	
I	240	0	0	
J	150	0	0	
K	1600	40	800	
L	2000	0	0	
M	100	100	90	
N	60	0	0	
合计				

4.6　某工程项目有 2000m² 缸砖面层地面施工任务，交由某分包商承担，计划于 6 个月内完成，该工程进行了 3 个月以后，发现某些工作项目实际已完成的工作量及实际单价与原计划有偏差。其工作量表见表 4-15。

表 4-15　工作量表

工作项目名称	平 整 场 地	室内夯填土	垫层	缸砖面砂浆结合	踢脚
单位	100m²	100m²	10m²	100m²	100m²
计划工作量（3 个月）	180	30	70	110	15

(续)

工作项目名称	平整场地	室内夯填土	垫层	缸砖面砂浆结合	踢脚
计划单价（元/单位）	15	45	420	1500	1600
已完成工作量（3个月）	180	28	58	80	10
实际单价（元/单位）	15	45	420	1700	1620

【问题】

（1）试计算并用表格法列出至第3个月末时各项工作的拟完工程预算成本（BCWS）、已完工程预算成本（BCWP）和已完工程实际成本（ACWP），并分析费用局部偏差值、费用绩效指数 CPI、进度局部偏差值、进度绩效指数 SPI，以及费用累计偏差和进度累计偏差。

（2）用横道图法表明各项工作的进度以及偏差情况，分析并在图上标明其偏差情况。

（3）用曲线法表明该项施工任务的总计划和实际进展情况，标明其费用及进度偏差情况（说明：各工作项目在3个月内均是以等速、等值进行的）。

4.7 间接成本 8 千元/周，如图 4-9 所示，箭线上为直接成本，箭线下为作业时间；括号内为作业时间及直接成本，括号外为正常作业时间及成本；直接成本单位为千元；工作时间单位为周。试进行工期成本优化计算。

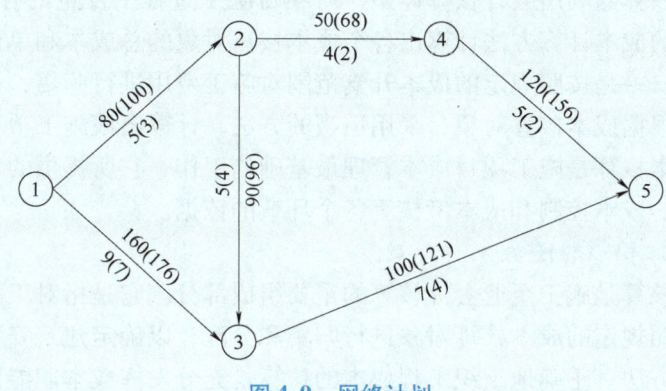

图 4-9 网络计划

第 5 章
施工项目成本核算

5.1 施工项目成本核算概述

1. 施工项目成本核算的概念

施工项目成本核算是利用会计核算体系,对项目施工过程中发生的各种消耗进行记录、分类,并采用适当的成本计算方法计算出各个成本核算对象的总成本和单位成本的过程。它包括两个基本环节:一是按照规定的成本开支范围对施工费用进行归集,计算出施工费用的实际发生额;二是根据成本核算对象,采用适当的方法,计算出该施工项目的总成本和单位成本。施工项目成本核算是施工项目成本管理最基础的工作,它所提供的各种成本信息是成本预测、成本计划、成本控制和成本考核等各个环节的依据。

2. 施工项目成本核算的任务

施工项目成本核算是施工企业会计核算的重要组成部分。它是指对工程施工生产中所发生的各项费用,按照规定的成本核算对象进行归集和分配,以确定建筑安装工程单位成本和总成本的一种专门方法。正确地组织工程成本的核算是充分发挥成本职能作用的重要前提条件。只有正确、及时核算工程成本,方能为成本管理提供依据。

1) 执行国家有关成本开支范围、费用开支标准、工程预算定额和企业施工预算、成本计划的有关规定,控制费用,促使项目合理、节约地使用人力、物力和财力。这是施工项目成本核算的先决条件和首要任务。

2) 正确及时地核算施工过程中发生的各项费用,计算施工项目的实际成本。这是项目成本核算的主体和中心任务。

3) 反映和监督施工项目成本计划的完成情况,为项目成本预测,为参与项目施工生产、技术和经营决策提供可靠的成本报告和有关资料,促进项目改善经营管理,降低成本,提高经济效益。这是施工项目成本核算的根本目的。

3. 施工项目成本核算的原则

为了发挥施工项目成本管理职能,提高施工项目管理水平,施工项目成本核算必须讲求质量,才能提供对决策有用的成本信息。要提高成本核算质量,除了建立合理、可行的施工项目成本管理体系之外,很重要的一点就是要遵循成本核算的原则。成本核算的原则主要有以下几条:

（1）权责发生制　《企业会计准则——基本准则》第九条规定："企业应当以权责发生制为基础进行会计确认、计量和报告。"权责发生制原则是指在收入和费用实际发生时进行确认，不必等到实际收到现金或者支付现金时才确认。凡在当期取得的收入或者应当负担的费用，不论款项是否已经收付，都应作为当期的收入或费用；凡是不属于当期的收入或费用，即使款项已经在当期收到或已经在当期支付，都不能作为当期的收入或费用。权责发生制原则主要是从入账时间上确定成本确认的基础，其核心是依据权责关系的发生和影响期间来确认施工项目的成本。只有根据权责发生制原则进行收入和成本费用的核算，才能真实地反映特定会计期间的财务成本状况和经营成果。

（2）可靠性　《企业会计准则——基本准则》第十二条规定："企业应当以实际发生的交易或者事项为依据进行会计确认、计量和报告，如实反映符合确认和计量要求的各项会计要素及其他相关信息，保证会计信息真实可靠、内容完整。"

可靠性原则是对成本核算工作的基本要求，它要求成本核算以实际发生的支出及证明支出发生的合法凭证为依据，按一定的标准和范围加以认定和记录，做到内容真实、数字准确、资料可靠。如果成本信息不能真实反映施工项目成本的实际情况，成本核算工作就失去了存在的意义，甚至会误导成本信息使用者，导致有关决策的失误。根据可靠性原则，成本核算应当真实反映施工项目的工程成本，保证成本信息的真实性，成本信息应当能够经受验证，以核实其是否真实、可靠。

（3）相关性　《企业会计准则——基本准则》第十三条规定："企业提供的会计信息应当与财务会计报告使用者的经济决策需要相关，有助于财务会计报告使用者对企业过去、现在或者未来的情况做出评价或者预测。"

施工项目成本核算是为施工项目成本管理服务的，其提供的成本信息应与决策有关，有助于决策，如果提供的成本信息对决策并没有什么作用，就不具有相关性。可见评价成本信息质量的标准除了看其是否可靠客观，还要看所提供的信息是否能满足有关方面的信息需要。相关性原则要求成本核算工作在收集、加工、处理和提供成本信息的过程中，应考虑各方面的信息需要，要能够满足各方面具有共性的信息需求。

（4）可理解性　《企业会计准则——基本准则》第十四条规定："企业提供的会计信息应当清晰明了，便于财务报告使用者理解和使用。"

可理解性原则要求有关施工项目成本核算的会计记录和会计信息必须清晰、简明，便于理解和使用。成本信息应当简明、易懂，能够简单明了地反映施工项目的成本情况，从而有助于成本信息的使用者正确理解、准确掌握工程成本。这就要求在成本核算过程中，要做到会计记录准确、清晰，填制会计凭证、登记会计账簿依据合法，账户对应关系清楚，文字摘要完整等。

（5）可比性　《企业会计准则——基本准则》第十五条规定："企业提供的会计信息应当具有可比性。同一企业不同时期发生的相同或者相似的交易或者事项，应当采用一致的会计政策、不得随意变更。确需变更的，应当在附注中说明。不同企业发生的相同或者相似的交易或者事项，应当采用规定的会计政策、确保会计信息口径一致、相互可比。"施工项目可能处于不同地区，施工活动发生于不同时期，为了保证成本信息能够满足决策的需要，便于比较不同施工项目的成本情况和成本管理水平，只要是同样的经济业务，就应当采用同样的成本核算方法和程序。根据可比性原则，国家统一的会计制度应当尽量减少企业选择有关成本核算的会计政策的余地，同时要求企业严格按照国家统一的会计制度的规定，选择有关成本核算的会计政策。

（6）**实质重于形式**　《企业会计准则——基本准则》第十六条规定："企业应当按照交易或者事项的经济实质进行会计确认、计量和报告，不应仅以交易或者事项的法律形式为依据。"

企业发生的交易或事项在多数情况下其经济实质和法律形式是一致的，但在有些情况下也会出现不一致。例如，按建筑材料采购合同的约定，施工企业支付了材料款，材料已经运抵施工现场，如果尚未安装、使用或耗用，则没有形成工程实体，不得计入施工项目成本。再如，按分包合同的约定，总承包商在分包工程的工作量完成之前预付给分包商的款项，虽然是总承包商的一项资金支出，但是该项支出并没有形成相应的工作量，因此总承包商不应将这部分支出计入累计实际发生的施工成本。

（7）**重要性**　《企业会计准则——基本准则》第十七条规定："企业提供的会计信息应当反映与企业财务状况、经营成果和现金流量等有关的所有重要交易或者事项。"

重要性原则要求，对于成本有重大影响的经济业务应作为成本核算的重点，力求精确，而对于那些不太重要、琐碎的经济业务，可以相对从简处理，不要事无巨细均做详细核算。坚持重要性原则能够使施工项目的成本核算在全面的基础上保证重点，有助于加强对经济活动和经营决策有重大影响和有重要意义的关键性问题的核算，达到事半功倍，简化核算，节约人力、财力、物力和提高工作效率的目的。

（8）**谨慎性**　《企业会计准则——基本准则》第十八条规定："企业对交易或者事项进行会计确认、计量和报告时应当保持应有的谨慎，不应高估资产或者收益、低估负债或者费用。"

在市场经济环境下，企业的生产经营活动面临着许多风险和不确定性，如应收款项的可收回性、固定资产的使用寿命、售出存货可能发生的退货或者返修等。

谨慎性原则是指企业在面临不确定性因素的情况下需要做出职业判断时，保持必要的谨慎，充分估计各种风险和损失，既不高估资产或者收益，也不低估负债或者费用，对于可能的损失和费用，应当加以合理估计。

（9）**及时性**　《企业会计准则——基本准则》第十九条规定："企业对于已经发生的交易或者事项，应当及时进行确认、计量和报告，不得提前或者延后。"

及时性原则要求企业对成本信息应当及时处理、及时提供，成本信息具有时效性，只有能够满足决策的及时需要，成本信息才有价值。为了达到成本管理的目的，施工项目工程成本的核算、结转和成本信息的提供应当在要求的时期内完成。但要指出，成本核算遵循及时性原则，并非越快越好，而是以确保可靠为前提，在规定时间内适时完成成本核算和成本信息的提供，不影响施工项目其他环节会计核算工作的顺利进行。

5.2 施工项目成本核算的要求

1. 施工项目成本核算的基本假定

所谓成本核算的基本假定，就是指为正常组织成本核算，对经济活动中某些不确定的因素或状态事先做出的逻辑性推理判断和理论上的认定。离开了成本核算的基本假定，成本信息就难以产生，更无法确认企业的损益状况。因此，在这些基本假定的基础上，建立相应的资产估价和费用汇集与分配方法，对于选择合理的成本核算方法，统一对成本真实性的认识，保证成本核算的正确性具有重要的作用。

成本核算的基本假定主要包括以下内容：

（1）资金耗费与价值补偿持续性假定　此假定是指在企业持续经营的条件下，通过投入生产要素和发生资金耗费所产生的生产经营成果的价值能够在交换中得以实现，从而使发生的资金耗费在相关期间获得足额价值补偿，这一过程将不间断地继续进行下去。除特殊情况外，一般不考虑企业被兼并或破产等因素。这一假定的目的在于给企业成本核算中涉及的财产估价和费用摊配设定一个前提。

（2）成本核算期间假定　此假定是指按企业生产特点和成本管理要求确定企业成本核算的时间段落，并认定在该期间内，每单位生产经营成果的成本是相等的。对于生产周期较长、投入产出过程明确的产品，则应以产品的生产周期为成本核算期，以求尽可能正确地反映产品的实际成本。

（3）材料物资计价假定　此假定是指对于生产经营活动消耗的各种材料物资，按《企业会计准则》规定的计价方法，结合企业实际情况，确定某种计价标准，并认定按此标准所计量的材料物资耗费是真实的。

（4）固定资产使用期及净残值假定　此假定是指固定资产的原值扣减预计净残值（预计残值减去预计清理费的余额）后的价值，能够在固定资产预计使用年限之内分期计入企业成本之中，并认为这种计入成本的固定资产折旧费真实地反映了固定资产价值转移的情况，在预计使用年限期满之时，固定资产价值能够得到足额补偿。

（5）间接成本分配标准假定　此假定是指在生产经营活动中发生，不便直接计入某个确定成本核算对象中的各项成本，当将该种间接成本分配计入各个成本核算对象时，所采用的分配标准满足"受益原则"的要求，并认为按此分配标准计入企业成本中的费用是真实的。

（6）在产品成本估价假定　此假定是指在按月度组织成本核算，且期末存在在产品的情况下，在本期完工产品与期末在产品之间分配生产费用所采用的分配标准符合在产品成本计价要求，并认为按此分配标准计算的在产品成本是真实的。

2. 施工项目成本核算的基本要求

为了圆满地达到施工项目成本管理和核算目的，正确及时地核算施工项目成本，提供对决策有用的成本信息，提高施工项目成本管理水平，在施工项目成本核算中要遵守以下基本要求：

（1）划清成本、费用支出和非成本、费用支出的界限　这是指划清不同性质的支出，即划清资本性支出和收益性支出与其他支出、营业支出与营业外支出的界限，这个界限也就是成本开支范围的界限。企业为取得本期收益而在本期内发生的各项支出，根据配比原则，应全部作为本期的成本或费用。只有这样才能保证在一定时期内不会虚增或少计成本或费用。至于企业的营业外支出，是与企业施工生产经营无关的支出，所以不能构成工程成本。《企业会计准则》第五十四条指出："营业外收支净额是指与企业生产经营没有直接关系的各种营业外收入减营业外支出后的余额。"所以，如果误将营业外收支作为营业收支处理，就会虚增或少计企业营业（工程）成本或费用。划清不同性质的支出是正确计算施工项目成本的前提条件。

（2）**正确划分各种成本、费用的界限** 这是指对允许列入成本、费用开支范围的费用支出，在核算上应划清的几个界限。

1）划清施工项目工程成本和期间费用的界限。施工项目工程成本相当于工业产品的制造成本或营业成本。财务制度规定：为工程施工发生的各项直接支出，包括人工费、材料费、机械使用费、其他直接费（措施项目费），直接计入工程成本；为工程施工而发生的各项施工间接费用（间接成本，也就是现场管理费），分别计入工程成本。同时又规定：企业行政管理部门为组织和管理施工生产经营活动而发生的管理费用和财务费用应当作为期间费用，直接计入当期损益。可见期间费用与施工生产经营没有直接联系，费用的发生基本不受业务量增减影响，在"制造成本法"下，它不是施工项目成本的组成部分。所以正确划清两者的界限，是确保项目成本核算正确的重要条件。

2）划清本期工程成本与下期工程成本的界限。根据分期成本核算的原则，成本核算要划分本期工程成本和下期工程成本。前者是指应由本期工程负担的生产耗费，不论其收付发生是否在本期，应全部计入本期的工程成本之中；后者是指不应由本期工程负担的生产耗费，不论其是否在本期内发生收付，均不能计入本期工程成本。划清两者的界限，对于正确计算本期工程成本是十分重要的。

3）划清不同成本核算对象之间的成本界限。这是指要分清各个成本核算对象的成本，不得"张冠李戴"，互相混淆，否则就会失去成本核算和管理的意义，造成成本不实，歪曲成本信息，引起决策上的重大失误。

4）划清未完工程成本与已完工程成本的界限。施工项目成本的真实程度取决于未完施工和已完施工成本界限的正确划分，以及未完施工和已完施工成本计算方法的正确度。

① 按月结算方式下的期末未完施工，要求项目在期末应对未完施工进行盘点，按照预算定额规定的工序，折合成已完分部分项工程量。再按照未完施工成本计算公式计算未完分部分项工程成本。

② 竣工后一次结算方式下的期末未完施工成本，就是该成本核算对象成本明细账所反映的自开工起至期末止发生的工程累计成本。

③ 本期已完工程实际成本根据期初未完施工成本、本期实际发生的生产费用和期末未完施工成本进行计算。采取竣工后一次结算的工程，其已完工程的实际成本就是该工程自开工起至期末止所发生的工程累计成本。

（3）**加强成本核算的基础工作** 建立各种财产物质的收发、领退、转移、报废、清查、盘点、索赔制度；建立、健全与成本核算有关的各项原始记录和工程量统计制度；制定或修订工时、材料、费用等各项内部消耗定额以及材料、结构件、作业、劳务的内部结算指导价。

5.3 施工项目成本核算的程序

施工项目成本核算的程序是指施工项目在具体组织工程成本核算时应遵循的一般顺序和步骤。其按照核算内容的详细程度，可分为工程成本的总分类核算程序和明细分类核算程序。

1. 施工项目成本的总分类核算

施工企业对施工过程中发生的各项工程成本应先按其用途和发生的地点进行归集。其中，直接费用可以直接计入受益的各个工程成本核算对象的成本中；间接费用则需要先按照发生地点进行归集，然后再按照一定的方法分配计入受益的各个工程成本核算对象的成本中，并在此基础上计算当期已完工程或已竣工工程的实际成本。

（1）总分类科目的设置　为了核算工程成本的发生、汇总与分配情况，正确计算工程成本，项目经理部一般应设置以下总分类科目：

1）"工程施工"科目。该科目属于成本类科目，用来核算施工项目在施工过程中发生的各项成本性费用。借方登记施工过程中发生的人工费、材料费、机械使用费、其他直接费（措施项目费），以及期末分配计入的间接成本；贷方登记结转已完工程的实际成本；期末余额在借方，反映未完工程的实际成本。

2）"机械作业"科目。该科目属于成本类科目，用来核算施工项目使用自有施工机械和运输机械进行机械作业所发生的各项费用。借方登记所发生的各种机械作业支出，贷方登记期末按照受益对象分配结转的机械使用费实际成本，期末应无余额。从外单位或本企业其他内部独立核算单位租入机械时支付的机械租赁费，应直接计入"工程施工"科目的机械使用费成本项目中，不通过本科目核算。

3）"辅助生产"科目。该科目属于成本类科目，用来核算企业内部非独立核算的辅助生产部门为工程施工、产品生产、机械作业等生产材料和提供劳务（如设备维修、结构件的现场制作、施工机械的装卸等）所发生的各项费用。借方登记发生的以上各项费用，贷方登记期末结转完工产品或劳务的实际成本，期末余额在借方，反映辅助生产部门在产品或未完工劳务的实际成本。

4）"待摊费用"科目。该科目属于资产类科目，用来核算施工项目已经支付但应由本期和以后若干期分别负担的各项施工费用，如低值易耗品的摊销、一次支付数额较大的排污费、财产保险费、进出场费等。发生各项待摊费用时，登记本科目的借方；按受益期限分期摊销时，登记本科目的贷方；期末借方余额反映已经支付但尚未摊销的费用。

5）"预提费用"科目。该科目属于负债类科目，用来核算施工项目预先提取但尚未实际发生的各项施工费用，如预提收尾工程费用，预提固定资产大修理费用等。贷方登记预先提取并计入工程成本的预提费用，借方登记实际发生或执行的预提费用，期末余额在贷方，反映已经计入成本但尚未发生的预提费用。

（2）工程成本在有关总分类科目间的归集结转程序

1）将本期发生的各项施工费用，按其用途和发生地点，归集到有关成本、费用科目的借方。

2）月末，将归集在"辅助生产"科目中的辅助生产费用，根据受益对象和受益数量，按照一定方法分配转入"工程施工"和"机械作业"等科目的借方。

3）月末，将由本月成本负担的待摊费用和预提费用，转入其有关成本费用科目的借方。

4）月末，将归集在"机械作业"科目的各项费用，根据受益对象和受益数量，按照一定方法分配计入"工程施工"科目的借方。

5）工程月末或竣工结算工程价款时，结算当月已完工程或竣工工程的实际成本，从"工程施工"科目的贷方转入"工程结算成本"科目的借方。

2. 施工项目成本明细分类核算

为了详细地反映工程成本在各个成本核算对象之间进行分配和汇总的情况，以便计算各项工程的实际成本，施工企业除了进行工程成本的总分类核算以外，还应设置各种施工生产费用明细账，组织工程成本的明细分类核算。

施工企业一般应按工程成本核算对象设置"工程成本明细账"，用来归集各项工程所发生的施工费用。此外，施工企业还应按部门以及成本核算对象或费用项目分别设置"辅助生产明细账""机械作业明细账""待摊费用明细账""预提费用明细账"和"间接费用明细账"等，以便于归集和分配各项施工生产费用。

（1）明细分类账的设置

1）按成本核算对象设置"工程成本明细账"，并按成本项目设专栏归集各成本核算对象发生的施工费用。

2）按各管理部门设置"工程施工——间接成本明细账"，并按费用项目设专栏归集施工中发生的间接成本。

3）按施工队、车间或部门以及成本核算对象（如产品、劳务的种类）的类别设置"辅助生产明细账"。

4）按费用的种类或项目设置"待摊费用明细账""预提费用明细账"以归集与分配各项有关费用。

5）根据自有施工机械的类别设置"机械作业明细账"。

（2）工程成本在有关明细账间的归集和结转程序

1）根据本期施工费用的各种凭证和费用分配表分别计入"工程成本明细账（表）""工程施工——间接成本明细账""辅助生产明细账（表）""待摊费用明细账（表）""预提费用明细账（表）"和"机械作业明细账（表）"。

2）根据"辅助生产明细账（表）"，按各受益对象的受益数量分配该费用，编制"辅助生产费用分配表"，并据此登记"工程成本明细账（表）"等有关明细账。

3）根据"待摊费用明细账（表）"及"预提费用明细账（表）"，编制"待摊费用计算表"及"预提费用计算表"，并据此登记"工程成本明细账（表）"等有关明细账。

4）根据"机械作业明细账（表）"和"机械使用台账"，编制"机械使用费分配表"，按受益对象和受益数量，将本期各成本核算对象应负担的机械使用费分别计入"工程成本明细账（表）"。

5）根据"工程施工——间接成本明细账"，按各受益对象的受益数量分配该费用，编制"间接成本分配表"，并据此登记"工程成本明细账（表）"。

6）月末，根据"工程成本明细账（表）"，计算出各成本核算对象的已完工程成本或竣工成本，从"工程成本明细账（表）"转出，并据此编制"工程成本表"。

3. 施工项目成本核算的工作步骤

加强施工项目成本核算工作，可以按以下几个步骤进行：

（1）根据成本计划确立成本核算指标　项目经理组织成本核算工作的第一步是确立成本核算指标。为了便于进行成本控制，成本核算指标的设置应尽可能与成本计划相对应。将核算结果与成本计划对照比较，使其及时反映成本计划的执行情况。例如，以核算的某类机械实际台班费用支出与该分部工程计划机械费用支出的比值作为该类施工机械使用费的核算指标，可以综合反映施工机械的利用率、完好率和实际使用状况。利用成本核算指标反映项目成本实施情况，可以避免以往成本核算中过多的核算报表，简化核算过程，提高核算的可操作性。

（2）**成本核算主要因素分析** 对于任何一个工程项目，都存在众多的成本核算科目，无法也没有必要对每一科目进行核算，否则会造成信息成本较高，得不偿失。在涉及成本的因素中，包括该项目实际作业中资源消耗数量、价格及资源价格变动的概率。例如，进行钢筋加工作业，工人的工作效率、钢材加工损耗及钢材价格的市场变动情况都可能成为成本核算因素。项目成本核算的对象应该是可控成本。若钢材由企业统一采购，钢材市场价格对项目来说是不可控成本，不作为成本核算的因素。否则，应根据钢材成本占整个工程成本的比重及钢材市场价格发生变动的概率进行分析，决定是否将钢材价格列为成本核算的因素。对于主要因素的分析方法，可以采用排列图法、ABC分析法、因果分析图法等。

（3）**成本核算指标的敏感性分析** 对主要成本核算因素进行敏感性分析，是设置成本控制界限的方法之一。通过敏感性分析，用以判断对某项成本因素应予以核算和控制的强度。例如，某项目计划成本为1000万元，目标成本降低额为50万元。钢材成本为该项目主要的成本控制因素，其成本占总成本的30%，计划钢材加工损耗率为1.5%。下面以钢材加工损耗率为成本控制因素进行敏感性分析，见表5-1。

表5-1 钢材加工损耗为成本控制因素的敏感性分析

钢材加工损耗率（控制指标）	0.5%	1.0%	1.5%	2.0%	2.5%
钢材加工损耗金额（万元）	1.5	3	4.5	6	7.5
损耗控制指标对目标成本降低额的影响	-6%	-3%	0	3%	6%

$$损耗控制指标对目标成本降低额的影响 = \frac{（实际钢材加工损耗额 - 计划钢材加工损耗额）}{目标成本降低额} \times 100\%$$

可见，钢材加工损耗率对完成项目目标成本降低额的影响并不很大。为此，项目经理可以将实际钢材加工损耗率控制在1.0%~2.0%。对钢材损耗的成本核算工作进行一般性管理即可。

（4）**成本核算成果储存** 建立信息化成本核算体系，将项目成本核算成果系统储存，是成本核算工作得以高效实施的保障，也是企业成本战略实施的关键环节。在施工项目管理机构中，应要求每位项目管理人员都具备"一专多能"的素质，既是工程质量检查、进度监督人员，又是成本控制和核算人员。管理人员每天结束工作前应保证1个小时的内部作业时间，其中成本核算工作就是重要的内业之一。通过项目管理软件的开发和项目局域网络的建立，每位管理人员的核算结果将按既定核算体系由计算机汇总后提交项目经理，作为其制定成本控制措施的依据。在进行成本核算、数据汇总、整理、加工过程中，项目经理及管理人员的管理水平也将得到大幅度提高。

5.4 施工项目成本核算的对象

1. 施工项目成本构成要素

与任何生产活动一样，项目施工的过程也是劳动对象、劳动手段和活劳动的消耗过程。

因此，施工项目的成本按其经济性质可以分为劳动对象的耗费、劳动手段的耗费和活劳动的耗费三大类。前两类是物化劳动耗费，后一类是活劳动耗费，它们构成了施工项目成本的三大要素。

但是，在实务中，为了便于分析和利用，人们把生产费用按经济用途分为不同的成本项目。利用成本项目可以明确地把各项费用按其使用途径进行反映，这对考核、分析成本升降原因有重要意义。因此在进行成本的核算之前必须了解施工项目成本核算的构成情况。

生产费用按计入成本的方法分类，可分为直接成本和间接成本。按照一般含义，直接成本是指为生产某种（类、批）产品而发生的费用，它可以根据原始凭证或原始凭证汇总表直接计入成本。间接成本是指为生产几种（类、批）产品而共同发生的费用，它不能根据原始凭证或原始凭证汇总直接计入成本。这样分类，是以生产费用的直接计入或分配计入为标志划分的，它便于合理选择各项生产费用的分配方法，对于正确及时地计算成本具有重要作用。施工企业采用计入成本方法分类时，还应结合"建筑安装工程费用项目组成"的要求进行。

按照现行财务制度规定，施工企业施工项目成本分为直接成本和间接成本。

（1）**直接成本** 直接成本是指施工过程中直接耗费的构成工程实体或有助于工程形成的各项支出，包括人工费、材料费、施工机具使用费和措施项目费。

1）人工费。人工费是指按工资总额构成规定支付给从事建筑安装工程施工的生产工人和附属生产单位工人的各项费用，包括计时工资或计件工资、奖金、津贴补贴、加班加点工资、特殊情况下支付的工资5项费用。

2）材料费。材料费是指施工过程中耗费的原材料、辅助材料、构配件、零件、半成品或成品、工程设备的费用，包括材料原价、运杂费、运输损耗费和采购及保管费4项费用。

3）施工机具使用费。施工机具使用费是指施工作业所发生的施工机械、仪器仪表使用费或其租赁费，包括折旧费、大修费、经常性修理费、安拆费及场外运费、人工费、燃料动力费和税费7项费用。

4）措施项目费。措施项目费是指为完成建设工程施工，发生于该工程施工前和施工过程中的技术、生活、安全、环境保护等方面的费用，包括安全文明施工费（环境保护费、文明施工费、安全施工费、临时设施费）、夜间施工增加费、二次搬运费、冬雨期施工增加费、已完工程及设备保护费、工程定位复测费、特殊地区施工增加费、大型机械设备进出场及安拆费、脚手架工程费等多项费用。

上述各项工程直接费，若为本地现行预算定额中分别列入了人工费、材料费、机械使用费项目的，企业也应分别在相应的成本项目中核算。施工项目成本核算信息间的关系如图5-1所示。

（2）**间接成本** 间接成本是指企业及项目经理部为施工准备、组织和管理所发生的全部施工间接费支出，包括企业管理费和规费。

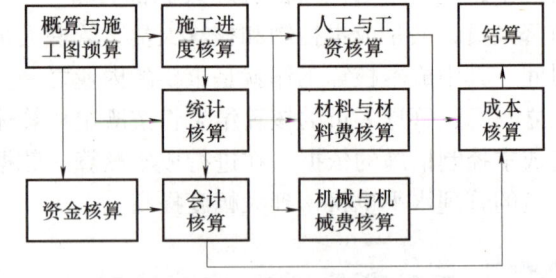

图5-1 施工项目成本核算信息间的关系

1）企业管理费。企业管理费是指建筑安装企业组织施工生产和经营管理所需要的费用，包括管理人员工资、办公费、差旅交通费、固定资产使用费、工具用具使用费、劳动保险和职工福利费、劳动保护费、检验试验费、工会经费、职工教育经费、财产保险费、财务费、税金和其他共14项费用。

2）规费。规费是指按国家法律、法规规定，由省级政府和省级有关权力部门规定必须缴纳或计取的费用，包括社会保险费（包含养老保险费、失业保险费、医疗保险费、生育保险费、工伤保险费）、住房公积金和工程排污费共3大项费用。

2. 施工项目成本核算对象

成本核算对象是指在计算工程成本中，确定归集和分配生产费用的具体对象，即生产费用承担的客体。成本计算对象的确定是设立工程成本明细分类账户，归集和分配生产费用以及正确计算工程成本的前提。

施工项目成本一般应以每一独立编制施工图预算的单位工程为成本核算对象，但也可以按照承包工程项目的规模、工期、结构类型、施工组织和施工现场等情况，结合成本管理的要求，灵活划分成本核算对象。一般有以下几种划分方法：

1）一个单位工程有几个施工单位共同施工时，各施工单位都应以同一单位工程为成本核算对象，各自核算自行完成的部分。

2）对于规模大、工期长的单位工程，可以将工程划分为若干部位，以分部位的工程作为成本核算对象。

3）同一建设项目，由同一施工单位施工，并在同一施工地点，属同一结构类型，开竣工时间相近的若干单位工程，可以合并作为一个成本核算对象。

4）改建、扩建的零星工程，可以将开竣工时间相近、属于同一建设项目的各个单位工程合并作为一个成本核算对象。

5）土石方工程、打桩工程，可以根据实际情况和管理需要以一个单项工程为成本核算对象，或将同一施工地点的若干个工程量较少的单项工程合并作为一个成本核算对象。

成本核算对象确定后，各种经济、技术资料归集必须与此统一，一般不要中途变更，以免造成项目成本核算不实、结算漏账和经济责任不清的弊端。

5.5 施工项目成本核算的方法

1. 会计核算法

施工项目的工程成本由人工费、材料费、机械使用费、其他直接费和间接成本5个成本项目构成。工程施工过程中发生的各项施工费用，首先按照确定的成本核算对象和上述5个成本项目进行归集，能够直接计入有关成本核算对象的，直接计入；不能直接计入的，采用一定的分配方法分配计入各成本核算对象的成本，然后计算出各施工项目的实际成本。

（1）人工费的核算

1）人工费的内容。人工费包括计时工资或计件工资、奖金、津贴补贴、加班加点工资、特殊情况下支付的工资5项费用。

2）人工费的归集和分配。人工费计入成本的方法，一般应根据企业实行的具体工资制度而定。在实行计件工资制度下，所支付的工资一般都能分清受益对象，应根据"工程任务单"和"工资结算汇总表"，将归集的工资直接计入各成本核算对象的人工费成本项目中。借记"工程施工——××工程——人工费",贷记"应付职工薪酬"科目。

"应付职工薪酬"账户反映企业与职工的关系,职工对企业提供劳务,企业支付工资,它属于负债类的账户,借方表示企业已经发放的工作薪酬,贷方表示企业发生应付的薪酬,贷方余额为企业应支付而未支付的职工薪酬。

"应付职工薪酬"在进行人工费核算时,应根据服务对象分别在"工程施工""机械作业""辅助生产"等科目中归集。会计分录规定如下:

借:工程施工——××工程——人工费　　　　　　　　××××
　　贷:应付职工薪酬　　　　　　　　　　　　　　　××××
借:应付职工薪酬　　　　　　　　　　　　　　　　　××××
　　贷:银行存款　　　　　　　　　　　　　　　　　××××

【例 5-1】 第二建筑公司承建广元高速公路第五标段,合同总金额为 200000000 元,包括一座 800m 长的隧道和 6km 的路基。该公司第一项目部组织管理施工生产,并成立了一个隧道队和一个路基队进行施工,另外成立了一个碎石开采场和一个机械维修队作为辅助生产部门。

2019 年 1 月,发生职工薪酬 6240000 元,其中隧道队 3500000 元,路基队 2500000 元,碎石开采场 140000 元,机械维修队 100000 元,试做会计分录。

【解】 职工薪酬会计分录如下:

借:工程施工——合同成本(隧道)——人工费　　　　3500000
　　工程施工——合同成本(路基)——人工费　　　　2500000
　　辅助生产——碎石开采场——人工费　　　　　　　140000
　　辅助生产——机械维修队——人工费　　　　　　　100000
　　贷:应付职工薪酬　　　　　　　　　　　　　　　6240000
借:应付职工薪酬　　　　　　　　　　　　　　　　　6240000
　　贷:银行存款　　　　　　　　　　　　　　　　　6240000

在实行计时工资制度下,只有一个成本核算对象或者所发生的工资能分清是在哪个成本核算对象的施工中,方可将之直接计入该成本核算对象"工程成本明细账"中的"人工费"项目。如果工人同时在为多个成本核算对象施工,就需要将所发生的工资在各个成本核算对象之间进行分配,编制"人工费分配表",再分别计入各成本核算对象的"工程成本明细账"中的"人工费"项目。一般可采用实用工时比例或定额工时比例进行分配。

职工福利费、工会经费、职工教育经费等工资附加费应根据各个成本核算对象当期实际发生或分配计入的工资总额,分别按 14%、2%、1.5% 计提并计入"人工费"项目。工资性质的津贴、按规定应计入成本的奖金、劳动保护费等人工费,比照计件和计时工资的归集和分配方法,直接计入或分配计入有关成本核算对象"工程成本明细账"中"人工费"项目。对于支付给分包单位的人工费,直接计入该分包工程的"人工费"项目。

如果项目经理部与外单位施工队签订的是包清工合同,则月末以当月验收完工的工程实物量计算出定额工日数,乘以合同人工单价确定人工费,编制"包清工工程款月度成本汇总表",并计入该施工项目的"人工费"项目。

【例5-2】 某市第一建筑工程公司下属第一项目部、第二项目部两个项目部。第一项目部 2018 年有办公楼工程、生产车间工程两个成本核算对象，其中办公楼工程采取按月结算方式，生产车间工程采取竣工后一次结算方式。2018 年 10 月第一项目部发生的人工费资料如下：计时工资 23500 元，其中办公楼工程耗用 5100 工时，生产车间工程耗用 4300 工时，本月未发生计件工资。本月计时工资分配见表 5-2。试做会计分录。

表 5-2 本月计时工资分配表

成本核算对象	实际用工数（工时）	分配率（%）	应分配的工资额（元）
办公楼工程	5100	54.26	12750
生产车间工程	4300	45.74	10750
合计	9400		23500

【解】
（1）根据以上"人工费分配表"做应付工资会计分录
借：工程施工——办公楼工程——人工费　　　　　12750
　　　　　——生产车间工程——人工费　　　　　10750
　　贷：应付职工薪酬——应付工资　　　　　　　　　　　23500
（2）根据工资总额的 14% 计提本月的职工福利费，做会计分录
借：工程施工——办公楼工程——人工费　　　　　1785
　　　　　——生产车间工程——人工费　　　　　1505
　　贷：应付职工薪酬——应付福利费　　　　　　　　　　3290

(2) 材料费的核算

1）材料费的内容。工程成本中的"材料费"项目包括施工过程中耗用的构成工程实体或有助于工程形成的各种主要材料、结构件、配件、零件、半成品、其他材料的实际成本和周转材料的摊销及租赁费用，不包括需要安装设备的价值。

施工企业的材料，除了主要用于工程施工外，还用于固定资产等专项工程，以及其他非生产性耗用，在进行材料费的核算时，必须严格划分施工生产耗用与非生产性耗用的界限，只有直接用于工程的材料才能计入工程成本的"材料费"项目中。

2）材料费的归集和分配。由于施工项目耗用的材料品种繁多、数量大、领用次数频繁，企业必须建立、健全材料的收、发、领、退等管理制度，制定统一的定额领料单、大堆材料耗用计算单、集中配料耗用计算单、周转材料摊销分配表、退料单等自制原始凭证，并按不同的情况进行材料费的归集和分配。

① 凡领料时能点清数量、分清成本核算对象的，应在有关领料凭证（如领料单、定额领料单）上注明成本核算对象的名称，财会部门据此直接计入成本核算对象"工程成本明细账"的"材料费"项目。

② 领料时，虽能点清数量，但属于集中配料或需统一下料的，如木材、油漆等，应在领料凭证上注明"工程集中配料（下料）"，月末由材料管理人员或领用部门根据用料情况，结合材料消耗定额编制"集中配料（下料）耗用计算表"，据此分配计入各成本核算对象的

成本。

③ 领料时，既不易点清数量，又难以分清成本核算对象的材料，如砖、瓦、砂、石等大堆材料，可根据实际情况，由材料管理员或施工现场保管员验收保管，月末实地盘点结存数量后，结合月初结存数量和本月购进数量，倒推算出本月实际耗用数量，再结合材料耗用定额，编制"大堆材料耗用计算表"，据此计入各成本核算对象的成本。

④ 周转使用的模板、脚手架等周转材料应根据各受益对象的实际在用数量和规定的摊销方法，计算当月应摊销额，编制"周转材料摊销分配表"，据此计入各成本核算对象的成本。对于租用的周转材料，则应按当月支付或分摊的租赁费直接计入或分配计入各受益成本核算对象的"材料费"项目。

⑤ 工程竣工后的剩余材料，应填写"退料单"或用红字填写"领料单"，据此办理材料退库手续，同时冲减相关成本核算对象的"材料费"成本项目。

⑥ 施工中发生的残次材料和包装物等，应尽量回收再利用，并填制"废料交库单"估价入账，并冲减工程成本中的材料费。

⑦ 按月结算工程成本时，对月末已办理领料手续、但尚未耗用的材料，下月仍将继续耗用的，应进行盘点，办理"假退库"手续。

对于上述各种不同材料，采用各自的方法进行分配后，应根据有关分配计算表和材料部门提供的资料，汇总编制"材料费分配表"，确定各受益成本核算对象分摊的"材料费"成本。

借记：工程施工——××工程——材料费

贷记：原材料、周转材料、材料成本差异等科目

【例 5-3】 本月第一项目部根据审核无误的各种领料凭证、大堆材料耗用分配表、周转材料摊销分配表等汇总编制的"材料成本核算表"见表 5-3，"建筑构件成本核算表"见表 5-4。试做会计分录。

表 5-3 材料成本核算表 （单位：元）

成本核算对象	主要材料							
	黑色金属		硅酸盐		其他主要材料		合计	
	计划成本	成本差异+2%	计划成本	成本差异+1%	计划成本	成本差异-1%	计划成本	成本差异
办公楼工程	110000	2200	25000	250	18000	-180	153000	2270
生产车间工程	80000	1600	10000	100	10000	-100	100000	1600
合计	190000	3800	35000	350	28000	-280	253000	3870

表 5-4 建筑构件成本核算表 （单位：元）

成本核算对象	结构件		其他材料		合计		周转材料摊销额
	计划成本	成本差异+1%	计划成本	成本差异-2%	计划成本	成本差异	
办公楼工程	75000	750	20000	-400	248000	2620	5000
生产车间工程	60000	600	15000	-300	175000	1900	2000
合计	135000	1350	35000	-700	423000	4520	7000

【解】 根据表5-3和表5-4，做会计分录

(1) 借：工程施工——办公楼工程——材料费   248000
   贷：原材料——主要材料   153000
      ——结构件   75000
      ——其他材料   20000

(2) 借：工程施工——办公楼工程——材料费   2620
   贷：材料成本差异——主要材料   2270
      ——结构件   750
      ——其他材料   -400

(3) 借：工程施工——办公楼工程——材料费   5000
   贷：周转材料——周转材料摊销   5000

(4) 借：工程施工——生产车间工程——材料费   175000
   贷：原材料——主要材料   100000
      ——结构件   60000
      ——其他材料   15000

(5) 借：工程施工——生产车间工程——材料费   1900
   贷：材料成本差异——主要材料   1600
      ——结构件   600
      ——其他材料   -300

(6) 借：工程施工——生产车间工程——材料费   2000
   贷：周转材料——周转材料摊销   2000

(3) 机械使用费的核算

1) 机械使用费的内容。工程成本中的机械使用费是指在施工过程中使用自有施工机械所发生的租入外单位（包括施工企业内部独立核算的机械站）施工机械的租赁费，以及按规定施工机械安装、拆卸和进出场费等。

2) 机械使用费的归集与分配。企业施工使用的施工机械分为租用机械和自有机械。因此，机械使用费的核算也分为两种情况。

① 租入机械费用的核算。从外单位或本企业内部独立核算的机械站租入施工机械支付的租赁费，一般可以将"机械租赁费结算单"所列金额直接计入成本核算对象的"机械使用费"成本项目中。如果租入的施工机械是为两个或两个以上的工程服务，应以租入机械所服务的各个工程受益对象提供的作业台班数量为基数进行分配，计算公式如下：

$$\text{平均台班租赁费} = \frac{\text{支付的租赁费总额}}{\text{租赁机械作业总台班数}} \qquad (5-1)$$

② 自有机械费用的核算。施工项目使用自有施工机械和运输设备进行机械作业所发生的各项费用，首先应通过"机械作业"科目分别归集，月末根据各个成本核算对象实际使用机械的台班数计算各成本核算对象应分摊的施工机械使用费。为此，要设置"机械作业"科目进行总分类核算，同时按机械类别或每台机械设置"机械作业明细账"进行明细核算，并按下列成本项目设专栏进行费用的归集。

a. 人工费：指司机、司炉等机械操作人员的工资、津贴、工资附加费等。
b. 燃料及动力费：指机械运转所消耗的电力、固体燃料、液体燃料等燃料及动力费用。
c. 材料费：指机械耗用的润滑油料和擦拭材料费。
d. 折旧及修理费：指按照规定对机械计提的折旧费、大修理费和发生的经常修理费。
e. 替换工具及部件费：指进行作业的机械使用的替换工具和部件（如轮胎、钢丝绳）的摊销和维修费。
f. 其他直接费：指定额所规定的其他直接费（如机械搬运、安装、拆卸等费用）。
g. 间接成本：指为组织和管理机械作业所发生的费用。

自有机械进行机械化施工和运输作业所发生的各种费用，应按一定的方法在各受益核算对象之间进行分配。根据机械管理部门编报的"机械使用月报"和"机械作业明细表"等资料，以各成本核算对象使用的台班数、完成作业量等为标准来编制"机械使用费分配表"据此确定各成本核算对象应负担的机械使用费，并登记"工程成本明细账"及有关明细账，同时进行总分类核算。借记"工程施工——××工程——机械使用费"，贷记"机械作业"。

机械作业费用的分配方法主要有以下三种：

① 台班分配法，即根据各成本核算对象使用机械的实际台班数进行分配，其计算式如下：

$$\text{某成本核算对象应分摊的某种机械使用费} = \text{该种机械每台班实际成本} \times \text{该成本核算对象实际使用台班数} \tag{5-2}$$

台班分配法适用于按单机或机组进行成本核算的机械。

② 作业量分配法，即根据各种机械所完成的作业量为基础进行分配的方法，其计算公式如下：

$$\text{某成本核算对象应分摊的某种机械使用费} = \text{该种机械为该成本核算对象提供的作业量} \times \text{该种机械单位作业量实际成本} \tag{5-3}$$

其中，某种机械单位作业量实际成本 = 该种机械实际发生费用总额/该种机械实际作业量。

作业量分配法适用于能计算完成作业量的单位或某类机械，如汽车运输作业，按单位某类汽车提供的数据以 t·km（吨·千米）计算作业量。

③ 预算分配法，即根据实际发生的机械作业费占预算定额规定的机械使用费的比率进行分配的方法，其计算公式如下：

$$\text{某成本核算对象预算机械使用费} = \text{该成本核算对象实际完成工程量} \times \text{单位工程量机械使用费预算定额} \tag{5-4}$$

其中，实际机械作业费占预算机械使用费比率 = 实际发生的机械作业费总额/受益成本核算对象预算机械费总额。

预算分配法适用于不便计算机械使用台班或无机械台班的中小型机械使用费，如几个成本核算对象共同使用的混凝土搅拌机的使用费。

若发生费用较大、受益期较长的大型施工机械费用以及施工机械的安装、拆卸、辅助设施和进出场费，在发生时，可先通过"待摊费用"科目归集，再按机械使用期限分期计入有关受益成本核算对象"工程成本明细账"的"机械使用费"项目。

【例 5-4】 本月，第一项目部的塔式起重机工作 45 台班，其中办公楼工程 10 台班，生产车间工程 35 台班，应分配机械使用费 8100 元。另外，混凝土搅拌机发生费用 8500 元，提供 850m³ 混凝土，其中办公楼工程 500m³，生产车间工程 350m³；货运卡车发生费用 8400 元，运行 210t·km，其中，办公楼工程 120t·km，生产车间工程 90t·km。

【解】 根据上述资料编制"机械使用费分配表"，见表 5-5。

表 5-5 机械使用费分配表

核算单位：第一项目部　　　　　　　　　2018 年 10 月　　　　　　　　　（单位：元）

成本核算对象	塔式起重机（每台班成本 180 元）		搅拌机成本/(10 元/m³)		卡车成本/[40 元/(t·km)]		合计
	台班数	应分配机械使用费	工程量	应分配机械使用费	作业量	应分配机械使用费	
办公楼工程	10	1800	500	5000	120	4800	11600
生产车间工程	35	6300	350	3500	90	3600	13400
合计	45	8100	850	8500	210	8400	25000

在表 5-5 中，塔式起重机作业费用采取台班分配法，每台班实际成本 = 8100 元/45 台班 = 180 元/台班

搅拌机作业费用采取作业量分配法，每立方米实际成本 = 8500 元/85m³ = 10 元/m³

卡车作业费用采取作业量分配法，每吨每千米实际成本 = 8400 元/210t·km = 40 元/(t·km)

根据以上"机械使用费分配表"，并做如下会计分录

借：工程施工——办公楼工程——机械使用费　　　　　　　　11600
　　　　　　——生产车间工程——机械使用费　　　　　　　　13400
　　贷：机械作业——塔式起重机　　　　　　　　　　　　　　 8100
　　　　　　——搅拌机　　　　　　　　　　　　　　　　　　 8500
　　　　　　——卡车　　　　　　　　　　　　　　　　　　　 8400

（4）其他直接费的核算

1）其他直接费的内容。工程成本中的其他直接费是指在施工过程中发生的材料的二次搬运费、临时设施摊销费、生产工具用具使用费、检验试验费、工程定位复测费、工程点交费、流动施工津贴、场地清理费以及冬雨期施工增加费、夜间施工增加费等。

2）其他直接费的归集和分配。在实际工作中，其他直接费的核算可分为以下三种情况进行：

① 在上述其他直接费中，有的可以直接计入各个成本核算对象。例如，工具用具使用费与临时设施摊销费等，可按使用工具用具与临时设施的工地直接计入各成本核算对象。借记"工程施工——××工程——其他直接费"，贷记"低值易耗品""临时设施摊销"等科目。

② 其他直接费发生时不能分清受益对象的，将其发生的费用先汇总，借记"工程施工——其他直接费"，贷记"银行存款""库存现金"等科目。月末按适当的方法分配计入各成本核算对象，借记"工程施工——××工程——其他直接费"，贷记"工程施工——其他直接费"。

③ 其他直接费发生时难于同工程施工中发生的人工费、材料费、机械使用费等划分清楚，如冬、雨期施工增加的防雨、保温材料费，夜间施工增加的水电费，流动施工津贴，材料两次搬运费中的人工费、机械使用费等。为了简化核算手续，便于成本分析和考核，可以结合制定的预算定额等实际情况，将这些其他直接费并入"人工费""材料费""机械使用费"成本项目中核算。

【例5-5】 本月第一项目部发生的其他直接费如下：办公楼工程摊销临时设施费2400元，生产车间工程摊销临时设施费500元；以银行存款支付办公楼工程检验试验费1200元；以现金支付生产车间工程场地清理费900元；另外，本月还发生其他直接费3600元，其中办公楼工程应分摊2200元，生产车间工程应分摊1400元。

【解】 根据上述资料，做会计分录如下：
(1) 借：工程施工——办公楼工程——其他直接费　　　　2400
　　　　　　——生产车间工程——其他直接费　　　　500
　　贷：临时设施摊销　　　　　　　　　　　　　　　2900
(2) 借：工程施工——办公楼工程——其他直接费　　　　1200
　　贷：银行存款　　　　　　　　　　　　　　　　　1200
(3) 借：工程施工——生产车间工程——其他直接费　　　900
　　贷：库存现金　　　　　　　　　　　　　　　　　900
(4) 借：工程施工——办公楼工程——其他直接费　　　　2200
　　　　　　——生产车间工程——其他直接费　　　　1400
　　贷：工程施工——其他直接费　　　　　　　　　　3600

(5) 间接成本的核算

1) 间接成本的内容。施工生产过程中，除发生材料、人工、机械使用费和其他直接费外，还将发生各种间接成本，它是为组织和管理工程施工所发生的全部支出，主要包括项目经理部管理人员工资、奖金、工资性质的津贴、职工福利费、行政管理用固定资产使用费、办公费、劳动保护费、工程保修费、财产保险费、排污费及其项目应负担的工会经费、教育经费、业务招待费、税金、劳保统筹费、利息支出等费用。

2) 间接成本的归集和分配。对于按规定计费标准支付的外单位管理费应以实际支付数计入各受益对象。对外供应劳务和出租机械作业所负担的施工间接成本，通常按费用定额加以计算，以简化核算手续。难以分清受益对象的间接成本，企业应在"工程施工"科目下设置"间接成本明细账"，并按费用项目设置专栏归集本期发生的各种间接成本，借记"工程施工——间接成本"，贷记"应付工资""应付福利费""累计折旧"等科目。期末按一定标准分配计算各成本核算对象应负担的间接成本，并编制"间接成本分配表"，计入各成本核算对象的工程成本，借记"工程施工——××工程——间接成本"，贷记"工程施工——间接成本"。

间接成本的分配标准因工程类别不同而有所不同。土建工程一般应以工程成本的直接成本为分配标准，安装工程一般应以人工费为分配标准。

在实际工作中，由于项目经理部施工的工程往往既有土建工程又有安装工程，有时辅助生产单位生产的产品或劳务可能还会对外销售，所以间接成本一般要进行两次分配，即第一次分配是在不同类的工程、产品、劳务和作业之间进行分配，第二次分配是在同类工程（或产品、劳务、作业）的不同成本核算对象之间进行分配。

间接成本的第一次分配一般是以各类工程（或产品、劳务、作业）成本中的人工费为标准进行分配。其计算公式如下：

间接成本分配率 = [间接成本总额/各类工程（或产品、劳务、作业）成本中的人工费总额] × 100%

某类工程（或产品、劳务、作业等）应分配的间接成本 = 该类工程（或产品、劳务、作业等）成本中的人工费 × 间接成本分配率

间接成本的第二次分配是将第一次分配到各类工程（或产品、劳务、作业）中的间接成本再分配到各个成本核算对象中去。第二次分配是按各类工程（或产品、劳务、作业）的直接成本或人工费为标准进行分配。

① 土建工程间接成本分配公式如下：

间接成本分配率 = (土建工程分配的间接成本总额/全部土建工程直接成本总额) × 100%

(5-5)

某土建工程应分配的间接成本 = 该土建工程直接成本 × 间接成本分配率　(5-6)

② 安装工程间接成本分配公式如下：

间接成本分配率 = (安装工程分配的间接成本总额/全部安装工程人工费总额) × 100%

(5-7)

某安装工程应分配的间接成本 = 该安装工程人工费 × 间接成本分配率　(5-8)

【例 5-6】 本月第一项目部发生间接成本 9898.20 元，详细资料见表 5-6。根据施工项目的直接成本，分配办公楼工程和生产车间工程应负担的间接成本，并编制"间接成本分配表"，见表 5-6。

表 5-6　间接成本分配表

核算单位：第一项目部　　　　　　　　2018 年 10 月　　　　　　　　（单位：元）

成本核算对象	直接成本总额	分配率	分配的间接成本
办公楼工程	287555	2%	5751.10
生产车间工程	207355		4147.10
合计	494910		9898.20

注：表中，间接成本分配率 = 9898.2 元/(287555 + 207355)元 × 100% = 2%。

【解】 根据以上"间接成本分配表"，做会计分录如下：

借：工程成本——办公楼工程——间接成本　　　　　　　　5751.10
　　　　　　——生产车间工程——间接成本　　　　　　　　4147.10
　　贷：工程施工——间接成本　　　　　　　　　　　　　　9898.20

【例 5-7】 根据【例 5-2】~【例 5-6】所示会计分录，登记第一项目部"工程成本明细账"和按成本核算对象设置的"工程成本明细账"的"间接成本"成本项目。

【解】 工程成本明细账登记分别见表 5-7 ~ 表 5-9。

表5-7　工程成本明细账

核算单位：第一项目部　　　　　　　　2018年10月　　　　　　　　（单位：元）

| 2018年 | | 凭证号 | 摘要 | 直接成本 | | | | 间接成本 | 工程成本合计 |
月	日			人工费	材料费	机械使用费	其他直接费		
10	1		月初余额	42200	1438000	788000	110000	99300	2477500
10	31		分配基本工资	23500					23500
10	31		分配职工福利费	3290					3290
10	31		分配材料计划成本		423000				423000
10	31		调整材料成本差异		4520				4520
10	31		分配机械使用费			25000			25000
10	31		分配其他直接费				8600		8600
10	31		分配间接成本					9898.20	9898.20
10	31		本月发生额合计	26790	427520	25000	8600	9898.20	497808.20
10	31		月末累计发生额	68990	1865520	813000	118600	109198.20	2975308.20
10	31		月末结转工程成本	~~68990~~	~~1865520~~	~~813000~~	~~118600~~	~~109198.20~~	~~2975308.20~~

表5-8　工程成本明细账

成本核算对象：办公楼工程　　　　　　2018年10月　　　　　　　　（单位：元）

| 2018年 | | 凭证号 | 摘要 | 直接成本 | | | | 间接成本 | 工程成本合计 |
月	日			人工费	材料费	机械使用费	其他直接费		
10	1		月初余额	12000	98000	8000	5000	3300	126300
10	31		分配基本工资	12750					12750
10	31		分配职工福利费	1785					1785
10	31		分配材料计划成本		248000				248000
10	31		调整材料成本差异		2620				2620
10	31		分配机械使用费			11600			11600
10	31		分配其他直接费				5800		5800
10	31		分配间接成本					5751.10	5751.10
10	31		本月发生额合计	14535	250620	11600	5800	5751.10	288306.10
10	31		月末施工费用累计发生额	26535	348620	19600	10800	9051.10	414606.10
10	31		月末结转工程成本	~~26535~~	~~348620~~	~~19600~~	~~10800~~	~~9051.10~~	~~414606.10~~

表5-9　工程成本明细账

成本核算对象：生产车间工程　　　　　2018年10月　　　　　　　　（单位：元）

| 2018年 | | 凭证号 | 摘要 | 直接成本 | | | | 间接成本 | 工程成本合计 |
月	日			人工费	材料费	机械使用费	其他直接费		
10	1		月初余额	1410000	1340000	780000	105000	96000	3731000
10	31		分配基本工资	10750					10750

(续)

2018年		凭证号	摘　要	直接成本				间接成本	工程成本合计
月	日			人工费	材料费	机械使用费	其他直接费		
10	31		分配职工福利费	1505					1505
10	31		分配材料计划成本		175000				175000
10	31		调整材料成本差异		1900				1900
10	31		分配机械使用费			13400			13400
10	31		分配其他直接费				2800		2800
10	31		分配间接成本					4147.10	4147.10
10	31		本月发生额合计	12255	176900	13400	2800	4147.10	209502.10
10	31		月末累计发生额	1422255	1516900	793400	107800	100147.10	3940502.10
10	31		月末结转工程成本	~~1422255~~	~~1516900~~	~~793400~~	~~107800~~	~~100147.10~~	~~3940502.10~~

（6）辅助生产费用的核算

1）辅助生产费用的内容。辅助生产费用是企业的辅助生产部门为工程施工、产品生产、机械作业、专项工程等生产材料和提供劳务所发生的各项费用。施工企业为了顺利地进行工程施工活动，一般都要设置若干个辅助生产部门。辅助生产部门是指企业及其内部独立核算单位所属非独立核算的辅助生产车间、单位或部门，如机修车间、木工车间、供水站、运输队等。但企业所属实行内部独立核算的辅助生产部门所发生的生产费用不在工程成本核算范围内。辅助生产部门主要是为企业的工程施工服务的，其服务内容有为工程施工等生产材料的辅助生产和提供劳务的辅助生产两类。除此之外，还有为附属企业生产、机械作业与专项工程服务的。辅助生产部门生产的材料和提供的劳务还可能销售给外单位，当然，这并不是设置辅助生产部门的主要目的。企业辅助生产费用是工程成本的重要组成部分，其费用的多少直接影响工程成本的水平。因此，正确组织辅助生产费用的核算，对于正确计算工程成本，挖掘降低工程成本的潜力具有重要的作用。

2）辅助生产费用的归集和分配。平时，企业辅助生产部门发生的各种费用归集在"辅助生产"科目，同时登记"辅助生产明细账"的有关成本项目，借记"辅助生产"，贷记"应付职工薪酬""库存材料"等科目。月末，将归集的辅助生产费用按受益对象和一定的标准分配计入各成本核算对象，并编制"辅助生产费用分配表"，据此登记有关"工程成本明细账"，借记"工程施工——××工程"，贷记"辅助生产"。

为了使辅助生产费用能较合理地分配计入有关成本核算对象，通常有以下分配方法。

① 直接分配法。直接分配法是指各辅助生产部门的费用只在施工项目和管理部门之间按受益数量进行分配，对于各辅助生产部门相互提供的产品或劳务不进行分配。

这种分配方法可以适当简化核算工作，适用于各辅助生产部门相互之间提供产品或劳务数量较少的情况。在各辅助生产部门相互之间提供产品或劳务数量较多的情况下，该方法不能正确反映各辅助生产部门的真实费用。

② 一次交互分配法。一次交互分配法是指先将各辅助生产部门直接发生在各辅助生产部门的费用交互分配，然后将辅助生产部门发生的直接费用加上分配进来的费用，减去分配

出去的费用,再进行第二次分配,这次只分配给施工项目和管理部门。

这种分配方法可以比较全面地反映各辅助生产部门实际发生的费用,但各辅助生产部门只有在接到会计部门转来的其他单位分配计入费用之后,才能计算出实际费用,这样会影响成本核算的及时性。

③ 计划成本分配法。计划成本分配法是指按产品或劳务的计划(或定额)成本以及实际耗用数量分配辅助生产费用。当费用的计划分配额与实际发生额之间出现差异时,其差异可以直接计入间接成本或管理费用中。

(7) 待摊费用和预提费用的核算 为了划清各期的费用界限,正确计算产品(或劳务)的成本,以及企业盈利,企业按照权责发生制原则将已发生的由本期和以后各期共同负担的费用(即待摊费用),在各期费用、成本之间进行划分;将尚未发生的应由本期负担的费用,即预提费用,预先计入当期费用、成本。

1) 待摊费用的核算。待摊费用是指本期发生,但应由本期和以后各期产品(或劳务)成本共同负担的分摊期在一年以内的各项费用。这种费用发生以后,由于受益期较长,不应一次全部计入当期产品(或劳务)成本,而应按照费用的受益期限分期摊入各期产品(或劳务)成本,如预付保险费、预付报刊订阅费、低值易耗品摊销、固定资产修理费、在经营活动中支付数额较大的契约合同公证费、签证费、科学技术费和经营管理咨询费等。待摊费用的摊销应根据谁受益谁负担的原则进行,几个月受益,就分几个月摊销。待摊费用的摊销期,有的可以明确确定。如预付保险费,可以按照预付费用的月份确定受益期限;有的很难准确确定。例如,低值易耗品摊销可以由成本工程师同生产技术等方面人员估计确定。如果某些待摊费用数额很小,对产品(或劳务)成本影响不大,为了简化核算,也可以全部计入当期的产品(或劳务)成本。待摊费用核算应设置"待摊费用"账户,用来核算企业已经支出但应由本期和以后一年内各期分别负担的各项费用。发生待摊费用时,记"待摊费用"账户的借方;月末按规定分摊时,记"待摊费用"账户的贷方;月末余额为已经发生或支付,但尚未摊销的费用,"待摊费用"账户按照费用种类设置明细账。

【例 5-8】 项目部一次领用低值易耗品的实际成本为 3000 元。由于数额较大,按规定该低值易耗品分 6 个月平均摊入成本。

【解】 (1) 领用时做会计分录。

借:待摊费用——低值易耗品摊销　　　　　　　　　　　　　　3000
　　贷:低值易耗品——在库低值易耗品　　　　　　　　　　　　　　3000

(2) 本月及以后各月摊销时做会计分录。

借:工程施工——间接成本　　　　　　　　　　　　　　　　　3000
　　贷:待摊费用——低值易耗品摊销　　　　　　　　　　　　　　3000

【例 5-9】 第一建筑工程公司发生一次数额较大的审计费用 12000 元,按 12 个月平均摊销。

【解】 (1) 发生审计费用时做会计分录。

借:待摊费用——审计费　　　　　　　　　　　　　　　　　12000
　　贷:银行存款　　　　　　　　　　　　　　　　　　　　　12000

(2) 本月及以后各月（共 12 个月）摊销时做会计分录（每月摊销 1000 元）。

借：管理费用——审计费   1000
    贷：待摊费用——审计费   1000

2) 预提费用的核算。预提费用是指先分月计入产品（或劳务）成本，但在以后月份才支付的费用。这种费用虽然尚未支付，但各月已经受益，因而应该预先计入各月产品（或劳务）成本，如租入固定资产的大修理费、预提流动资金利息支出等。预提费用的预提也是根据谁受益谁负担的原则进行，几个月受益，就分几个月预提。预提期末，应将预提费用数额与实际支付的费用进行比较，两者的差额应计入预提期末月份的产品（或劳务）成本。

预提费用的核算应设置"预提费用"账户，用来核算企业预提计入成本、费用，但尚未实际支出的各项费用。企业按规定的条件预提费用时，记入"预提费用"账户的贷方；实际发生的费用记入"预提费用"账户的借方，冲减预提费用；月末余额为已预提尚未支付的费用。本账户按照费用种类设置明细账。

【例 5-10】 第一项目部每月预提租入塔式起重机的大修理费 2000 元，共预提了 3 个月。实际发生修理费 6400 元，以银行存款支付。

【解】

（1）每月预提修理费时做会计分录。

借：工程施工——间接成本   2000
    贷：预提费用——租入固定资产大修理费   2000

（2）实际支付修理费时做会计分录。

借：预提费用——租入固定资产大修理费   6000
    工程施工——间接成本   400
    贷：银行存款   6400

(8) **已完工程实际成本的计算和结转** 已完工程是指完成了预算定额规定的全部工作内容，在本企业不再需要进行加工的分部分项工程，这部分已完工程可以按期计算其实际成本，并按合同价格向建设单位收取工程价款。未完工程是指在期末尚未完成预算定额规定的全部工序与内容的分部分项工程，这部分未完工程不能向建设单位办理价款结算。

在实际工作中，正确地确定当期已完工程的实际成本是建设单位办理工程价款结算的需要，也是施工企业考核本期工程成本完成情况的需要，一方面它反映了各个施工项目在施工过程中发生的实际耗费，以便用来考核和分析工程预算的执行结果，另一方面是用它与工程价款结算收入相比较，以确定项目实现了多少利润。

经过对本月（或本期）发生的成本项目的归集和分配，将本月（或本期）施工项目应负担的各项费用都集中反映在"工程成本明细账"中，为工程成本的定期结算和竣工后一次结算提供了必要的核算资料，在此基础上进行已完工程的实际成本计算和结转。根据工程价款结算方式的不同，计算工程实际成本的方法也不同。

1) 竣工后一次结算的工程。施工项目实行竣工后一次结算工程价款时，已完工程是指已经建设单位和施工单位双方验收，办理竣工决算，交付使用的工程。该工程平时发生的费用，按期计入"工程成本明细账"的有关成本项目。竣工时，"工程成本明细账"中登记的工程成本累积总额，就是该竣工工程的实际成本。其计算公式如下：

$$竣工工程实际成本 = 期初账面成本余额 + 本期成本发生额 \tag{5-9}$$

通过上述方法，计算出工程实际成本后，应当及时结转。结转的时间与工程价款结算时间一致，借记"工程结算成本"，贷记"工程施工——××工程"。

【例 5-11】 本月第一项目部的生产车间工程已竣工。该工程"工程成本明细账"中的月初余额即该工程自开工起到竣工前一个月（2018 年 9 月）末止发生的累积工程成本，加上本月（2018 年 10 月）发生的成本即为生产车间工程的全部实际成本。

$$(3731000 + 209502.10) 元 = 3940502.10 元$$

其中，各个成本项目的实际金额为

$$人工费 = (1410000 + 12255) 元 = 1422255 元$$
$$材料费 = (1340000 + 176900) 元 = 1516900 元$$
$$机械使用费 = (780000 + 13400) 元 = 793400 元$$
$$其他直接费 = (105000 + 2800) 元 = 107800 元$$
$$间接成本 = (96000 + 4147.10) 元 = 100147.10 元$$

【解】 根据以上资料，做会计分录如下：

借：工程结算成本——生产车间工程　　　　　　　　　　3940502.10
　　贷：工程施工——生产车间工程　　　　　　　　　　　3940502.10

根据以上会计分录登记"工程成本明细账"，见表 5-9，则"工程成本明细账"无余额，表示该工程的实际成本已全部结转。

2）按月（或季）定期结算的工程。按月（或季）定期结算工程价款的工程，其本期已完工程实际成本应按以下式计算：

$$已完工程成本 = 期初未完工程成本 + 本期工程成本发生额 - 期末未完工程成本 \tag{5-10}$$

显然，式中期初未完工程成本及本期工程成本发生额都可以从"工程成本明细账"中取得，唯一需要计算的是期末未完工程成本。

一般情况下，施工单位期末未完工程量占本期全部工程量比重较小，月初、月末的未完工程量变化也不大。因此，为了简化核算手续，通常可以把月末未完工程的预算成本视同为未完工程的实际成本。期末未完工程的预算成本可用以下两种方法计算：

① 估量法，又称"约当产量法"。它是根据在施工现场盘点后确定的未完工程实物量，经过估计，将它折合成相当于已完分部分项工程实物量，然后乘以该分部分项工程的预算单价计算求得。其计算公式如下：

$$期末未完工程的预算成本 = 期末未完工程折合为已完分部分项工程量 \times \\ 该分部分项工程的预算单价 \tag{5-11}$$

② 估价法。施工项目中的分部分项工程都是由各道工序组成的，工序是工程最基本的施工单元。因此，未完工程也可以说是只完成了该分部分项工程的若干工序而尚未完成全部工序的工程。估价法就是先确定分部分项工程内各道工序耗用的直接费占整个预算单价的百

分比,计算出每道工序的单价,然后乘以未完工程中各道工序的工程量,从而确定未完工程的预算成本。

按估价法计算未完工程的预算成本,先要计算出每道工序的单价,如果分部分项工程的工序过多,应将工序适当归并,计算每一扩大工序的单价,然后再乘以未完工程各扩大工序的工程量。由于计算手续比较复杂,所以在实际工作中,采用估价法计算未完工程预算成本的不多。

(9) 单位工程成本决算 项目经理部除了按月核算已完工程成本外,某项工程竣工时,还要编制竣工成本决算。竣工成本决算是确定竣工工程的预算成本和实际成本,考核竣工工程的实际成本节约或超支的主要依据。因为,在正确计算竣工工程的预算成本和实际成本的基础上,要及时办理单位工程竣工成本决算,将实际成本与预算成本加以比较,以反映工程的预算执行情况,评价各个单位的施工管理水平,为不断降低工程成本提供资料。

为了做好竣工工程的成本决算,应做好以下准备工作:

① 单位工程竣工后,应及时编制"竣工工程预算价格表",确定竣工工程的全部预算成本和预算总造价,以便与建设单位进行工程价款的最终结算。

② 及时组织清理施工现场,对剩余材料进行盘点,分别填制"退料单"和"残料交库单",办理退料手续,冲减工程成本。

③ 检查工程实际成本的记录是否完整准确。凡应计但未计的成本应补计,凡不应计入的已计费用应予以冲减。

④ 检查预算造价是否完整。当施工项目发生变化,工程设计图样因修改而产生预算漏项或计算错误时,为了正确计算工程价款,保证施工项目的合理收入,对于漏项工程,如建筑物加层、远程工程增加费、井点抽水费等,要按规定定额和取费标准,及时办理经济签证手续,调整预算造价。

"单位工程竣工成本决算表"中的"预算成本"各项目应根据施工图预算分析填列,也可以根据有关该项工程"已完工程预算价格计算表"中的预算成本按成本项目分别加总填入。

"单位工程竣工成本决算表"中的"实际成本"各项目,根据"工程成本明细账"中的自开工起实际成本累计发生数填入。如果将若干个单位工程合并为一个成本核算对象,可将几个单位工程合并办理成本决算,但各个单位工程实际成本必须按各个单位工程的预算成本或预算造价的比例计算填入,其计算公式为

$$\text{某竣工单位工程实际成本} = \frac{\text{应分配对象的实际总成本}}{\text{各竣工单位工程的预算成本之和}} \times \text{该竣工单位工程预算成本} \qquad (5\text{-}12)$$

【例 5-12】 第一项目部的生产车间工程 2018 年 10 月竣工验收,根据表 5-9 编制"单位工程竣工成本决算表",见表 5-10。

表 5-10 单位工程竣工成本决算表

工程名称:生产车间工程　　　　　　　　　　　　　　　　　　　　建筑面积:6800m²
开工日期:2018 年 1 月　　　　竣工日期　2018 年 10 月　　　　　　(单位:元)

项 目	预算成本	实际成本	降低额	降低率(%)
人工费	1440000	1422255	17745	1.23
材料费	1534000	1516900	17100	1.11

（续）

项　　目	预算成本	实际成本	降低额	降低率（%）
机械使用费	810000	793400	16600	2.05
其他直接费	110000	107800	2200	2.00
间接成本	101000	10 0147.10	852.90	0.84
工程成本合计	3995000	3940502.10	54497.90	1.36
补充资料	预算总造价 4145000			
	单位面积预算成本 587.50			
	单位面积实际成本 579.78			

为了便于分析工程成本的升降原因，考核各项预算定额的执行情况，总结经营管理经验，并为修订预算定额提供参考依据，选择一些具有代表性的工程进行总结分析，编制"工、料、机械台班用量比较表"，见表5-11。"工、料、机械台班用量比较表"中"预算用量"，根据"竣工工程预算价格计算表"中有关工、料、机械台班等资料分析填入，"实际用量"根据竣工工程的"用工台账"、"用料台账"和"使用机械台账"等资料填入。

表5-11　工、料、机械台班用量比较表

项　　目	单位	预算用量	定额用量	实际用量	实际与预算节超	实际与预算节超率
一、人工费	工日					
二、材料费						
钢筋	t					
水泥	t					
⋮						
三、机械使用费						
起重机	台班					
塔式起重机	台班					
混凝土搅拌机	台班					
运输	台班					

2. 全面成本台账法

全面成本台账是一套以系统思想、系统方法、系统控制为指导思想，追求全面计划综合管理，进行全面有效控制而建立的系统综合管理台账。根据项目管理实践，施工项目应根据"必需、实用、简便"的原则，建立有关成本台账。归纳起来，施工项目的成本台账有以下几类：

第一类是为施工项目成本核算积累资料的台账，如"产值构成台账""预算成本构成台账""单位工程增减账台账"等。

第二类是对施工项目资源消耗进行控制的台账，如"人工耗用台账""材料耗用台账""机械使用台账""临时设施台账"等。

第三类是为施工项目成本分析积累资料的台账，如"技术措施费台账""质量成本台账"等。

第四类是为施工项目管理服务以及备忘录性质的台账,如"分包合同台账"以及其他必须设立的台账等。

为了避免项目管理人员的重复劳动,原则上分工由项目有关业务人员记录各项经济业务的过程;项目成本工程师记录各项经济业务的结果以及主要材料耗用量和金额合计;施工项目材料员应记录各种材料的收、发、耗、存数量和金额。

本章总结

施工项目成本核算是利用会计核算体系,对项目施工过程中所发生的各种消耗进行记录、分类,并采用适当的成本计算方法计算出各个成本核算对象的总成本和单位成本的过程。

施工项目成本核算中要运用大量数据资料,这些数据资料的来源必须真实可靠,准确、完整、及时;一定要以审核无误,手续齐备的原始凭证为依据。同时,还要根据内部管理和编制报表的需要,按照成本核算对象、成本项目、费用项目进行分类、归集,因此要设置必要的生产费用账册、正式成本账进行登记,并增设必要的成本辅助台账。费用划分得是否正确,是检查评价项目成本核算是否遵循基本核算原则的重要标志。但应该指出,不能将成本费用界限划分的做法过于绝对化,因为有些费用的分配方法具有一定的假定性。成本费用界限划分只能做到相对正确,片面地花费大量人力、物力来追求成本划分的绝对精确是不符合成本效益原则的。加强成本核算的基础工作,圆满地达到施工项目成本管理和核算目的,正确及时地核算施工项目成本,提供对决策有用的成本信息,从而提高施工项目成本管理水平。

思考题及习题

5.1 施工项目成本核算的基本要求是什么?

5.2 简述成本核算对象确定的依据。

5.3 施工项目成本核算的方法是什么?

5.4 施工项目成本由哪几部分构成?

5.5 施工项目成本总分类账核算程序有哪些?

5.6 简述辅助生产费用分配的方法及适用范围。

5.7 某项目经理部2018年承担某大学教学楼A栋和教学楼B栋的施工。2018年10月项目经理部发生的人工费如下:计时工资应付123456元,其中教学楼A栋占46%,教学楼B栋占54%,并同期计提职工福利费和职工教育经费。试做会计分录。

5.8 某项目经理部2018年承担某大学教学楼A栋和教学楼B栋的施工。根据审核无误的各种领料凭证、大堆材料耗用分配表、周转材料摊销分配表等汇总编制的"材料费分配表",见表5-12。试做会计分录。

表 5-12 材料摊销分配表 (单位:元)

成本核算对象	主要材料		结构件		其他材料		周转材料摊销费
	计划成本	成本差异	计划成本	成本差异	计划成本	成本差异	
教学楼A栋	1450000	1340	890000	890	350000	350	78000
教学楼B栋	1560000	1560	980000	980	430000	430	99000
合计	3010000	2900	1870000	1870	780000	780	177000

5.9 本月项目经理部使用机械台班及单价见表5-13，试计算机械使用费用并做会计分录。

表5-13 机械台班及单价表

成本核算对象	4000kN·m塔式起重机			400L混凝土搅拌机			15t自卸汽车			合计（元）
	台班量	台班单价	机械使用费（元）	台班量	台班单价	机械使用费（元）	台班量	台班单价	机械使用费（元）	
教学楼A栋	30	1489.73		60	140.76		125	816.32		
教学楼B栋	40	1489.73		80	140.76		155	816.32		
合计	70			140			280			

第 6 章 施工项目成本分析

6.1 施工项目成本分析的概念

施工项目成本分析是在成本形成过程中,对施工项目成本进行的对比评价和总结工作。主要利用施工项目的成本核算资料,与计划成本、预算成本以及类似项目的实际成本等进行比较,了解成本的变动情况,分析主要技术经济指标对成本的影响,系统地研究成本变动的因素,检查成本计划的合理性,深入揭示成本变动的规律,寻找降低施工项目成本的途径,以便有效地进行成本控制。

6.2 施工项目成本分析的依据

施工成本分析主要是根据会计核算、业务核算和统计核算提供的资料进行。

1. 会计核算

会计核算主要是价值核算。会计是对一定单位的经济业务进行计量、记录、分析和检查,做出预测,参与决策,实行监督,旨在实现最优经济效益的一种管理活动。它通过记账、填审凭证、成本计算和编制会计报表等方法,来记录企业的一切生产经营活动,并提出一些综合性经济指标,如企业资产、负债、所有者权益、营业收入、成本、利润等会计指标。由于会计核算记录具有连续性、系统性、综合性等特点,所以它是施工成本分析的重要依据。

2. 业务核算

业务核算是各业务部门根据业务工作的需要而建立的核算制度,它包括原始记录和计算登记表,如工程进度登记、质量登记、工效登记、物资消耗记录、测试记录等。它的特点是对经济业务进行单项核算,只记载单一的事项,最多略有整理或稍加归类,不求提供综合性指标。业务核算的范围比会计和统计核算要广,但核算范围不固定,方法也很灵活。业务核算的目的在于迅速取得资料,在经济活动中及时采取措施进行调整。

3. 统计核算

统计核算是利用会计核算资料和业务核算资料,把企业生产经营活动客观现状的大量数据,按统计方法加以系统整理,表明其规律性。它的计量尺度比会计宽,可以用货币计算,也可以用实物或劳动量计量。它通过全面调查和抽样调查等特有的方法,不仅能提供绝对数指标,还能提供相对数和平均数指标,可以计算当前的实际水平,确定变动速度,可以预测发展的趋势。统计除了主要研究大量的经济现象以外,也很重视个别先进事例与典型事例的研究。

6.3 施工项目成本分析的方法

施工成本分析的基本方法包括:比较法、因果分析图法、因素分析法、差额计算法、比率法等。

1. 比较法

比较法又称指标对比分析法,就是通过技术经济指标的对比,检查目标的完成情况,分析产生差异的原因,进而挖掘内部潜力的方法。这种方法具有通俗易懂、简单易行、便于掌握的特点,因而得到了广泛的应用,但在应用时必须注意各项技术经济指标的可比性。比较法的应用通常有下列形式:

1)实际指标与目标指标对比。
2)本期实际指标与上期实际指标对比。
3)与同行业平均水平、先进水平对比。

【例 6-1】 某项目当年节约"三材"的目标为 20 万元,实际节约 22 万元,上年节约 19 万元,本企业先进水平节约 23 万元。

试将当年实际数与当年目标数、上年实际数、企业先进水平对比。

【解】 具体计算过程见表 6-1,结果表明:实际数比目标数和上年实际数均有所增加,但是本企业比先进水平还少 1 万元,尚有潜力可挖。

表 6-1 成本分析比较表 (单位:万元)

指标	本年目标数	上年实际数	企业先进水平	本年实际数	差异数		
					与目标比	与上年比	与先进比
"三材"节约额	20	19	23	22	2	3	-1

2. 因果分析图法

因果分析图又称树枝图,它是用来寻找某项成本原因的有效工具,如图 6-1 所示。

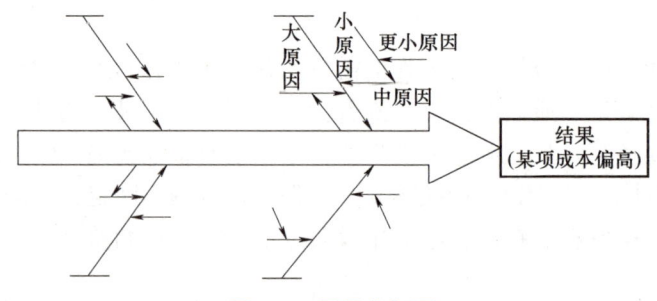

图 6-1 因果分析图

因果分析图法的做法是:首先明确项目成本偏离的结果,画出项目成本偏离分析的主干线,然后再逐层确定影响费用偏离的大原因、中原因、小原因等。影响某项费用超支的原因可能有多个，也可能只有一个，有主要原因也有次要原因。小原因不等于次要原因，而恰恰相反，也可能是最根本的原因。通常对主要原因做出标记，以引起重视。例如，在进行某高层建筑基础开挖费用超支的原因分析时，所绘制的因果分析图如图6-2所示。

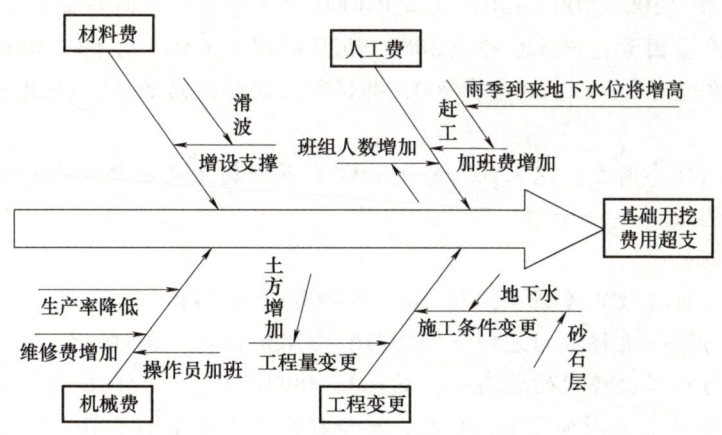

图 6-2　基础开挖费用超支因果分析图

3. 因素分析法

因素分析法又称连锁置换法或连环代替法。这种方法可用来分析各种因素对成本的影响程度。在进行分析时，首先要假定众多因素中的一个因素发生了变化，而其他因素则不变，然后逐个替换，分别比较其计算结果，并确定各个因素的变化对成本的影响程度。

因素分析法的计算步骤如下：

1) 确定分析对象，即所分析的技术经济指标，并计算出实际数与目标数的差异。

2) 确定该指标是由哪几个因素组成的，并按其相互关系进行排序。排序规则是：先实物量，后价值量；先绝对值，后相对值。

3) 以目标数为基础，将各因素的目标数相乘，作为分析替代的基数。

4) 将各个因素的实际数按照上面的排列顺序进行替换计算，并将替换后的实际数保留下来。

5) 将每次替换计算所得的结果与前一次的计算结果相比较，两者的差异即该因素对成本的影响程度。

注意：各个因素的影响程度之和应与分析对象的总差异相等。

【例 6-2】　某基础结构混凝土工程的目标成本为364000元，实际成本为383760元，成本增加19760元，资料列于表6-2。用因素分析法分析成本增加的原因。

表 6-2　商品混凝土目标成本与实际成本对比表

项　　目	单　　位	计划成本	实际成本	成本差额
产量	m^3	500	520	20
单价	元/m^3	700	720	20
损耗率	(％)	4	2.5	-1.5
成本	元	364000	383760	19760

【解】

(1) 分析对象是浇筑基础结构混凝土的成本,实际成本与目标成本的差额为19760元。该指标是由产量、单价、损耗率三个因素组成的,其排序见表6-2。

(2) 以目标数(500×700×1.04)元=364000元为分析替代的基础

第一次替代产量因素:以520替代500,(520×700×1.04)元=378560元。

第二次替代单价因素:以720替代700,并保留上次替代后的值,(520×720×1.04)元=389376元;

第三次替代损耗率因素:以1.025替代1.04,并保留上两次替代后的值,(520×720×1.025)元=383760元。

(3) 计算差额。

第一次替代与目标数的差额=(378560-364000)元=14560元。

第二次替代与第一次替代的差额=(389376-378560)元=10816元。

第三次替代与第二次替代的差额=(383760-389376)元=-5616元。

(4) 产量增加使成本增加了14560元,单价提高使成本增加了10816元,而损耗率下降使成本减少了5616元。

(5) 各因素的影响程度之和=(14560+10816-5616)元=19760元,与实际成本和目标成本的总差额相等。

为简便起见,可运用因素分析表来进行成本分析,其具体形式见表6-3。

表6-3 商品混凝土成本变动因素分析表

项 目	连环替代计算	差异(元)	因素分析
目标数	500×700×1.04		
第一次替代	520×700×1.04	14560	由于产量增加20m³成本增加14560元
第二次替代	520×720×1.04	10816	由于单价提高20元成本增加10816元
第三次替代	520×720×1.025	-5616	由于损耗率下降1.5%,成本减少5616元
合计		19760	

4. 差额计算法

差额计算法是因素分析法的一种简化形式,它利用各个因素的目标值与实际值的差额来计算其对成本的影响程度。举例说明如下:

【例6-3】某施工项目某月的实际成本降低额比目标数提高了2.4万元,见表6-4。试用差额分析法分析成本降低额超过目标数的原因,以及成本降低率对成本降低额的影响程度。

表6-4 差额分析法分析表

项 目	计划降低	实际降低	差 异
预算成本(万元)	300	320	20
成本降低率(%)	4	4.5	0.5
成本降低额(万元)	12	14.40	2.40

【解】 成本增加对成本降低额的影响程度=(320-300)万元×4%=0.80万元

成本降低率提高对成本降低额的影响程度=(4.5%-4%)×320万元=1.60万元

以上合计:(0.80+1.60)万元=2.40万元。其中成本降低率的提高是主要原因,根据有关资料可进一步分析成本降低率提高的原因。

5. 比率法

比率法是指用两个以上指标的比例进行分析的方法。它的基本特点是:先把对比分析的数值变成相对数,再观察其相互之间的关系。常用的比率法有以下几种:

(1) 相关比率法 由于项目经济活动的各个方面是相互联系,相互依存,又相互影响的,因此可以将两个性质不同而又相关的指标加以对比,求出比率,并以此来考察经营成果的好坏。例如,产值和工资是两个不同的概念,但它们的关系又是投入与产出的关系。在一般情况下,都希望以最少的工资支出完成最大的产值。因此,用产值工资率指标来考核人工费的支出水平,就很能说明问题。

(2) 构成比率法 构成比率法又称比重分析法或结构对比分析法。通过构成比率,可以考察成本总量的构成情况及各成本项目占成本总量的比重,同时也可看出量、本、利的比例关系(即预算成本、实际成本和降低成本的比例关系),从而为寻求降低成本的途径指明方向。构成比率法样式见表6-5。

表6-5 构成比率法样式

成本项目	预算成本		实际成本		降低成本		
	金额(元)	比重(%)	金额(元)	比重(%)	金额(元)	占本项(%)	占总量(%)
1. 人工费							
2. 材料费							
3. 机械使用费							
⋮							

(3) 动态比率法 动态比率法就是将同类指标不同时期的数值进行对比,求出比率,以分析该项指标的发展方向和发展速度。动态比率的计算,通常采用基期指数和环比指数两种方法。动态比率法样式见表6-6。

表6-6 动态比率法样式

指标	第一季度	第二季度	第三季度	第四季度
降低成本(万元)	45.60	47.80	52.50	64.30
基期指数(%)(第一季度=100)		104.82	115.13	141.01
环比指数(%)(上一季度=100)		104.82	109.83	122.48

6.4 项目综合成本的分析方法

综合成本是指涉及多种生产要素,并受多种因素影响的成本费用,如分部分项工程成本，月（季）度成本、年度成本等。由于这些成本都是随着项目施工的进展而逐步形成的，与生产经营有着密切的关系。因此，做好上述成本的分析工作，无疑将促进项目生产经营管理水平的提升，提高项目的经济效益。

1. 分部分项工程成本分析

分部分项工程成本分析是施工项目成本分析的基础。分部分项工程成本分析的对象为已完成分部分项工程。分析的方法是：进行预算成本、计划成本和实际成本的"三算"对比，分别计算实际偏差和目标偏差，分析偏差产生的原因，为今后的分部分项工程成本的节约寻求途径。

分部分项工程成本分析的资料来源是：预算成本来自投标报价成本，计划成本来自施工预算，实际成本来自施工任务单的实际工程量、实耗人工和限额领料单的实耗材料。

由于施工项目包括很多分部分项工程，不可能也没有必要对每一个分部分项工程都进行成本分析。特别是一些工程量小、成本费用微不足道的零星工程。但是，对于那些主要分部分项工程，则必须进行成本分析，而且要做到从开工到竣工进行系统的成本分析。这是一项很有意义的工作，因为通过主要分部分项工程成本的系统分析，可以基本上了解项目成本形成的全过程，为竣工成本分析和今后的项目成本管理提供宝贵的参考资料。

分部分项工程成本分析表的格式见表6-7。

表6-7 分部分项工程成本分析

单位工程：
分部分项工程名称： 工程量： 施工班组： 施工日期：

工料名称	规格	单位	单价	预算成本		计划成本		实际成本		实际与预算比较		实际与计划比较	
				数量	金额	数量	金额	数量	金额	数量	金额	数量	金额
		合计											
实际与预算比较（%）（预算=100）													
实际与计划比较（%）（计划=100）													
节超原因说明													

编制单位： 成本员： 填表日期：

2. 月（季）度成本分析

月（季）度成本分析是施工项目定期的、经常性的中间成本分析。对于具有一次性特点的施工项目来说，有着特别重要的意义。因为通过月（季）度成本分析可以及时发现问题，以便按照成本目标指定的方向进行监督和控制，保证项目成本目标的实现。

月（季）度成本分析的依据是当月（季）的成本报表。它的分析方法通常有以下几个方面：

1）通过实际成本与预算成本的对比，分析当月（季）的成本降低水平；通过累计实际成本与累计预算成本的对比，分析累计的成本降低水平，预测实现项目成本目标的前景。

2）通过实际成本与计划成本的对比，分析计划成本的落实情况，以及目标管理中的问题和不足，进而采取措施，加强成本管理，保证成本目标的落实。

3）通过对各成本项目的成本分析，可以了解成本总量的构成比例和成本管理的薄弱环节。例如，在成本分析中，发现人工费、机械使用费和间接费用等项目大幅度超支，就应该对这些费用的收支配比关系认真研究，并采取对应的增收节支措施，防止今后再超支。如果属于规定的"政策性"亏损，则应从控制支出着手，把超支额压缩到最低限度。

4）通过主要技术经济指标的实际成本与计划成本对比，分析产量、工期、质量、"三材"节约率、机械利用率等对成本的影响。

5）通过对技术组织措施执行效果的分析，寻求更加有效的节约途径。

6）分析其他有利条件和不利条件对成本的影响。

3. 年度成本分析

施工企业成本要求一年结算一次，不得将本年成本转入下一年度。而项目成本则以项目的寿命周期为结算期，要求从开工到竣工到保修期结束连续计算，最后结算出成本总量及其盈亏。

由于项目的施工周期一般较长，除进行月（季）度成本核算和分析外，还要进行年度成本的核算和分析。这不仅是为了满足企业汇编年度成本报表的需要，同时也是项目成本管理的需要。因为通过年度成本的综合分析，可以分析一年来成本管理的成绩和不足，为今后的成本管理提供经验和教训，从而可对项目成本进行更有效的管理。

年度成本分析的依据是年度成本报表。年度成本分析的内容，除了月（季）度成本分析的六个方面以外，重点是针对下一年度的施工进展情况规划切实可行的成本管理措施，以保证施工项目成本目标的实现。

4. 单位工程竣工成本分析

凡是有几个单位工程而且是单独进行成本核算（即成本核算对象）的施工项目，其竣工成本分析应以各单位工程竣工成本分析资料为基础，再加上项目经理部的经营效益（如资金调度、对外分包等所产生的效益）进行综合分析。如果施工项目只有一个成本核算对象（单位工程），就以该成本核算对象的竣工成本资料作为成本分析的依据。

单位工程竣工成本分析，应包括以下三方面的内容：

1）竣工成本分析。
2）主要资源节超对比分析。
3）主要技术节约措施及经济效果分析。

通过以上分析，可以全面了解单位工程的成本构成和降低成本的来源，对今后同类工程的成本管理有参考价值。

本 章 总 结

施工项目成本分析是在成本形成过程中，对工程项目成本进行的对比评价和剖析总结工作，它贯穿于工程项目成本管理的全过程，也就是说工程项目成本分析主要利用工程项目的成本核算资料（成本信息），与计划成本（目标成本）、预算成本以及类似的工程项目的实际成本等进行比较，了解成本的变动情况，同时也要分析主要技术经济指标对成本的影响，系统地研究成本变动的因素，检查成本计划的合理性，并通过成本分析，深入揭示成本变动的规律,寻找降低工程项目成本的途径,以便有效地进行成本控制,减少施工中的浪费,促使企业和项目经理部遵守成本开支范围和财务纪律,更好地调动广大职工的积极性,加强工程项目的全员成本管理。

施工成本分析的基本方法包括:比较法、因果分析图法、因素分析法、差额计算法、比率法等。

思考题及习题

6.1 施工项目成本分析应如何理解?

6.2 简述施工项目成本分析的依据。

6.3 简述施工项目成本分析的原则。

6.4 施工项目成本分析的内容有哪些?

6.5 施工项目成本分析的基本方法有哪些?

6.6 如何理解施工项目成本分析的综合成本分析?

6.7 某施工项目需要定型钢模,考虑周转利用率80%,租用钢模3900m^2,月租金4元/m^2;由于加快施工进度,实际周转利用率达到85%。用差额分析法计算周转利用率的提高对节约周转材料使用费的影响程度。

6.8 施工企业如何做好项目成本分析?

6.9 某工程浇筑一层结构商品混凝土建筑,成本目标为645840元,实际成本为714305元,比成本目标增加68465元。根据表6-8的资料,用因素分析法(连锁替代)分析其成本增加的原因。

表6-8 商品混凝土成本目标与实际成本对比表

项 目	计划完成	实际完成	差 额
产量/m^3	900	950	+50
单价(元)	690	730	+40
损耗率(%)	4	3	-1
成本(元)	645840	714305	68465

第 7 章
施工项目成本考核

7.1 施工项目成本考核的概念、作用与层次

1. 施工项目成本考核的概念

施工项目成本考核就是施工项目完成后，对施工项目成本形成中的各级单位成本管理的成绩或失误所进行的总结与评价。成本考核的目的在于鼓励先进、鞭策落后，促使管理者认真履行职责，加强成本管理。企业按施工项目成本目标责任制的有关规定，将成本的实际指标与计划、定额、预算进行对比和考核，评定施工项目成本计划的完成情况和各责任单位的业绩，并以此给以相应的奖励和处罚。通过成本考核，做到有奖有惩，奖罚分明，能有效地调动企业的每一名职工在各自岗位上努力完成目标成本的积极性，为降低施工项目成本和增加企业的积累做出自己的贡献。

2. 施工项目成本考核的作用

1）施工项目成本考核的目的在于贯彻落实责权利相结合的原则，促进成本管理工作的健康发展，更好地完成施工项目的成本目标。施工项目成本考核可以衡量项目成本降低的实际成果，也是对成本指标完成情况的总结和评价。

2）在施工项目的成本管理中，项目经理和所属部门、施工队直到生产班组，都有明确的成本管理责任，而且有定量的责任成本目标。通过定期和不定期的成本考核，既可对他们加强督促，又可调动他们进行成本管理的积极性。

3）项目成本管理是一个系统工程，而成本考核则是系统的最后一个环节。如果对成本考核工作抓得不紧，或者不按正常的工作要求进行考核，前面的成本预测、成本控制、成本核算、成本分析都将得不到及时正确的评价。这不仅会挫伤有关人员的积极性，而且会给今后的成本管理带来不可估量的损失。

施工项目的成本考核，特别要强调施工过程中的中间考核。这对具有一次性特点的施工项目来说尤为重要。因为通过中间考核发现问题，还能亡羊补牢。而竣工后的成本考核，虽然也很重要，但对成本管理的不足和由此造成的损失，已经无法弥补。

3. 施工项目成本考核的层次

施工项目成本的考核可以分为两个层次：一是企业对项目经理的考核；二是项目经理对所属部门、施工队和班组的考核（对班组的考核，平时以施工队为主）。通过以上的考核，

督促项目经理、责任部门和责任者更好地完成自己的责任成本目标，从而形成实现项目成本目标的保证体系。

施工项目的成本考核又分为月度考核、阶段考核和竣工考核三种，通过不同阶段的考核，及时发现问题，奖励先进，鞭策落后。

项目岗位成本考核是项目施工成本管理的一个重要部分，是项目落实成本控制目标的重要体现。它是将项目施工成本总计划支出，结合项目施工方案、施工手段和施工工艺，在追求技术进步和成本控制的基础上提出的，是针对项目不同的管理岗位人员做出的成本耗费目标要求。把项目施工成本控制总额落实给项目，公司完成了总的把握，但这还不够，还需要进一步细化，就是要根据项目人员组成和岗位配备情况，把公司落实给项目的项目责任成本总额按一定的方法分解给各个管理岗位或责任群体，并在此基础上按管理岗位分解指标、责任到人，实行风险抵押、按期或阶段考核。

企业的每个作业过程都是有成本产生的，同时形成新的价值。而岗位成本就是不同的作业环节所产生的作业成本，将项目内的不同作业并进行有效整合，实现作业传递和价值传递，构成一个作业链中的重要部分。为了使这个作业更合理地消耗资源，同时尽量更多地实现增值，必须进行项目岗位成本管理。项目施工作业过程理论上是按照施工网络图进行的，施工网络图就是项目施工作业链。每个作业占用一定的时间，消耗一定资源，同时实现一定的增值（不增值部分，要求尽量避免，如果还有出现，就将它放至期间成本中或损失中），讨论的目的就是让每个作业实现一定的目标价值时，尽量减少资源消耗。

7.2 施工项目成本考核的原则、内容与流程

1. 施工项目成本考核的原则

工程项目的一份标书就是一个管理对象，而这个管理对象是订单生产者，在施工结构、工程标价、高度、面积等方面每个项目都不同，致使我们必须按项目的特点组织施工生产，也正因为这个个性，需要我们针对每个项目组织资源投入和管理人员的合理分工。虽然施工项目有这样和那样的特点和不同，但施工项目成本考核仍然有一定的原则可以遵循。

（1）按照项目经理部人员分工确定岗位成本内容的原则 每个项目有大有小，管理人员的投入量也有不同。项目工程体量大时，管理人员就多一些，项目有几个栋号施工时，还可能设立相应的栋号长，分别对每个单体工程或几个单体工程进行协调管理。工程体量小时，项目管理人员就相应减少，一个人可能兼任几份工作，所以岗位考核以人和岗位为主，没有岗位就计算不出管理目标；同样，没有人就会失去考核的责任主体。

（2）简单易行、便于操作的原则 项目的施工生产，每时每刻都在发生变化，必须让项目相关管理人员明确了解考核项目的岗位成本，由于管理人员的专业特点，对一些相关概念可能不很清楚，所以确定的考核内容必须简单明了，要让考核者一看就能明白。

（3）及时性原则 岗位成本要考核的是实时成本，如果还像传统的会计核算那样，就失去了岗位考核的目的。所以时效性是项目岗位成本考核的生命。

2. 施工项目成本考核的内容和要求

施工项目成本考核的内容应该包括责任成本完成情况的考核和成本管理工作业绩的考核。从理论上讲，成本管理工作扎实，必然会使责任成本更好地落实。但是，影响成本的因

素很多,而且有一定的偶然性,往往会使成本管理工作得不到预期的效果。为了鼓励有关人员积极地进行成本管理,应该通过考核对他们的工作业绩做出正确的评价。

项目岗位成本考核内容与项目成本管理的职责,与岗位成本责任所表述的内容和重点不一致,前者所讲述的是项目相关管理人员在企业推行成本管理工作中所要承担的工作责任,而后者讲的是项目内部在工程规模、人员安排和管理方式不同的情况下,在落实岗位成本责任和以此进行考核兑现前提下的各岗位的工作目标和成本控制指标的经济责任。

(1) 企业对项目经理的考核

1) 企业对项目经理考核的具体内容。

① 责任目标成本的完成情况,包括总目标及其所分解的施工各阶段、各部分或专业工程的子目标完成情况。

② 项目经理是否认真组织成本管理和核算,对企业所确定的项目管理方针及有关技术组织措施的指导性方案是否认真贯彻实施。

③ 项目经理部的成本管理组织与制度是否健全,在运行机制上是否存在问题。

④ 项目经理是否经常对下属管理人员进行成本效益观念的教育。管理人员的成本意识和工作积极性。

⑤ 项目经理部的核算资料账表等是否正确、规范、完整,成本信息是否能及时反馈,能否主动取得企业有关部门在业务上的指导。

⑥ 项目经理部的效益审计状况,是否存在实亏虚盈情况,有无弄虚作假情节。

2) 项目经理部可控责任成本考核指标。

① 项目经理责任目标总成本降低额和降低率。

$$目标总成本降低额 = 项目经理责任目标总成本 - 项目竣工结算总成本 \quad (7-1)$$

$$目标总成本降低率 = 目标总成本降低额/项目经理责任目标总成本 \times 100\% \quad (7-2)$$

② 施工责任目标成本实际降低额和降低率。

$$施工责任目标成本实际降低额 = 施工责任目标总成本 - 项目竣工结算总成本 \quad (7-3)$$

$$施工责任目标成本实际降低率 = 施工责任目标成本实际降低额/施工责任目标总成本 \times 100\% \quad (7-4)$$

③ 施工计划成本实际降低额和降低率。

$$施工计划成本实际降低额 = 施工计划总成本 - 项目竣工结算总成本 \quad (7-5)$$

$$施工计划成本实际降低率 = 施工计划成本实际降低额/施工计划总成本 \times 100\% \quad (7-6)$$

(2) 项目经理对所属各部门、各施工队和班组的考核

1) 对各部门的考核内容。

① 本部门、本岗位责任成本的完成情况。

② 本部门、本岗位成本管理责任的执行情况。

2) 对各施工队的考核内容。

① 对劳务合同规定的承包范围和承包内容的执行情况。

② 劳务合同以外的补充收费情况。

③ 对班组施工任务单的管理情况,以及班组完成施工任务后的考核情况。

3) 对生产班组平时由施工队考核。以分部分项工程成本作为班组的责任成本,以施工任务单和限额领料单的结算资料为依据,与施工预算进行对比,考核班组责任成本的完成

情况。

(3) 项目成本考核的要求　项目成本考核应按照下列要求进行：

1) 企业对施工项目经理部进行考核时，应以确定的责任目标成本为依据。
2) 项目经理部应以控制过程的考核为重点，控制过程的考核应与竣工考核相结合。
3) 各级成本考核应与进度、质量、安全等指标的完成情况相联系。
4) 项目成本考核的结果应形成文件，为奖罚责任人提供依据。

3. 施工项目成本考核的流程

项目岗位成本考核是项目经理部进行的一项重要管理活动。

(1) 落实项目责任成本　项目在开工前，或者在项目开工后尽量短的一段时间内，公司应计算项目的标准成本，同时与项目经理部谈判项目责任成本。经双方确认后，签订项目责任成本合同。

(2) 落实项目管理人员安排和工作岗位　一般情况下，施工企业在实施项目责任成本管理工作中有一套制度来规范、管理项目的成本管理工作，其中就有关于不同项目的人员配备要求和岗位设置要求。这些指导性文件或规定也是计算项目现场经费中的管理人员工资的基础。因此公司要与项目部一起，计算、落实项目管理人员数量、岗位设置，包括工资标准和工资总额。

(3) 分解项目责任成本，测算项目的内控成本　按照项目的管理情况和管理人员及其岗位的配置情况分解责任成本指标，这个指标分解应该是全面性的而且是覆盖性的，即项目责任成本在每个岗位分配指标后，应与项目的目标成本一致，不留缺口。

(4) 根据管理岗位设置，计算不同岗位的成本考核指标　岗位成本考核指标设定和考核的额度，主要是根据岗位和相关人员制定的。什么岗位管理什么内容，经测算应有什么样的成本支出才能达到目标，而且这种成本支出需要进一步的细化和优化才能确定。根据每个岗位的管理者情况填列成本考核指标，并与岗位责任者签订岗位成本考核责任书，其应包括工作内容、阶段指标、考核方法、时间安排、奖罚办法等明细内容。

(5) 实施项目施工过程的计量和核算工作　在前面已讨论过，岗位成本考核原则上不易太复杂，应本着"干什么、管什么、算什么"的原则，进行过程的控制和考核。岗位成本的计量工作，会计上的成本核算，在过去实现起来是非常困难的事情。随着会计电算化的快速进步，现在已非常简单了。通过成本科目在收支的相关科目中实行部门或个人的辅助核算，就能达到区分和计量的目的。但会计上核算的东西都是沉没成本，属于过去时。还需要设计一套专用账簿进行实时核算和计量，及时向有关责任者提供信息。

(6) 项目岗位成本考核的评价工作　岗位工作一旦结束，或者取得明确的阶段计量，就可以进行阶段考核和业绩评价。评价可以是某岗位工作全部完成的时候，也可以采用分阶段进行对比，但必须计量清楚，另外一点是阶段考评和结果只能部分兑现，因为全部工作尚未完成，偶然性的问题还可能会出现，所以不能"盖棺定论"。

7.3　施工项目与项目岗位个体成本考核的方法

1. 施工项目成本考核的方法

1) 施工项目成本考核采取评分制，具体方法为：先按考核内容评分，然后按 7∶3 的比例加权平均，即责任成本完成情况的评分为 7，成本管理工作业绩的评分为 3。这是一个假设的比例，施工项目可以根据自己的具体情况进行调整。

2）施工项目成本考核要与相关指标的完成情况相结合，具体方法为：成本考核的评分是奖罚的依据，相关指标的完成情况为奖罚的条件，即在根据评分计奖的同时，要参考相关指标的完成情况与成本考核相结合的相关指标，一般有进度、质量、安全和现场标化管理。以质量指标的完成情况为例，说明如下：

① 质量达到优良，按应得奖金加 20%。

② 质量合格，奖金不加不扣。

③ 质量不合格，扣除应得奖金的 50%。

3）强调项目成本的中间考核项目。成本的中间考核，可从以下两方面考虑：

① 月度成本考核。一般是在月度成本报表编制以后，根据月度成本报表的内容进行考核。在进行月度成本考核的时候，不能单凭报表数据，还要结合成本分析资料和施工生产、成本管理的实际情况，才能得出正确的评价，带动今后的成本管理工作，保证项目成本目标的实现。

② 阶段成本考核。项目的施工阶段一般可分为：基础、结构、装饰、总体四个阶段。如果是高层建筑，可对结构阶段的成本进行分层考核。

阶段成本考核的优点在于能对施工告一段落后的成本进行考核，可与施工阶段其他指标（如进度、质量等）的考核结合得更好，也更能反映施工项目的管理水平。

4）正确考核施工项目的竣工成本。施工项目的竣工成本是在工程竣工和工程款结算的基础上编制的，它是竣工成本考核的依据。

工程竣工表示项目建设已经全部完成，并已具备交付使用的条件（即已具有使用价值）。而月度完成的分部分项工程只是建筑产品的局部，并不具有使用价值，也不可能用来进行商品交换，只能作为分期结算工程进度款的依据。因此，真正能够反映全貌而又正确的项目成本，是在工程竣工和工程款结算的基础上编制的。

由此可见，施工项目的竣工成本是项目经济效益的最终反映。它既是上缴利税的依据，又是进行职工奖金分配的依据。由于施工项目的竣工成本关系到国家、企业、职工的利益，必须做到核算正确，考核正确。

5）施工项目成本的奖罚。施工项目的成本考核如上所述，可分为月度考核、阶段考核和竣工考核三种。对成本完成情况的经济奖罚，也应分别在上述三种成本考核的基础上立即兑现，不能只考核不奖罚，或者考核后拖了很久才奖罚。因为职工所担心的就是领导对贯彻责权利相结合的原则执行不力，忽视群众利益。

由于月度成本和阶段成本都是假设性的，正确程度有高有低。因此，在进行月度成本和阶段成本奖罚的时候不妨留有余地，然后再按照竣工成本结算的奖金总额进行调整（多退少补）。

施工项目成本奖罚的标准，应通过经济合同的形式明确规定。这就是说，经济合同规定的奖罚标准具有法律效力，任何人都无权中途变更，或者拒不执行。另一方面，通过经济合同明确奖罚标准以后，职工群众就有了努力方向，因而也会在实现项目成本目标中发挥更积极的作用。

在确定施工项目成本奖罚标准的时候，必须从本项目的客观情况出发，既要考虑职工的利益，又要考虑项目成本的承受能力。在一般情况下，对于造价低的项目，奖金水平要定得低一些；对于造价高的项目，奖金水平可以适当提高。具体的奖罚标准应该经过认真测算再行确定。

此外，企业领导和项目经理还可对完成项目成本目标有突出贡献的部门、施工队、班组和个人进行随机奖励。这是项目成本奖励的另一种形式，不属于上述成本奖罚范围。而这种奖励形式往往能起到立竿见影的作用。

2. 项目岗位个体成本考核的方法

项目岗位个体成本考核内容一般按项目管理岗位而定，工程项目有大小，大的造价有几亿元，小的只有几千万元，甚至几百万元。项目经理部人员和管理者的数量一般按规模大小确定，多数企业都有相应的标准。

(1) 选配项目管理人员的一般原则

1) 项目管理人员的选配要满足项目管理的要求。项目管理很大部分是公司管理内容的浓缩，可谓"麻雀虽小，五脏俱全"。不能因为要控制成本开支，就不加考虑地压缩人员，使项目实际运行过程中，大量工作无人做，或者由不懂本专业的人员去做，致使项目各项工作运行不好，甚至不能很好地履行与业主的合约。因此，对于项目人员的选配，既要精干，又要保证施工生产和项目管理工作的正常进行。

2) 生产过程中项目经理对人员的管理要到位。针对每个管理岗位制定岗位责任制和项目管理程序和管理要求，以及相应的考评和奖罚规定，使项目整个管理工作按规定程序和规定的时间，由规定的人员按质按量地完成所规定的工作内容。

3) 正确认识施工项目成本核算。项目的成本核算是公司工程成本核算的一个部分。工程成本核算中所需的大量的第一手资料需要其提供。施工项目成本核算和成本考核工作，需要向公司提供相关核算资料进行核算和计量工作；项目的成本核算和项目岗位成本考核也需要公司进行指导、把握和要求。所以项目的核算工作必须是也只能是公司核算的一个部分，必须按公司的规定正确组织施工项目成本的岗位核算和考核。

(2) 项目管理人员的一般安排和工作职责

1) 项目经理。项目经理对施工项目成本计划总支出承担责任，并按合适的方法组织项目相关管理人员，在施工项目成本责任总额的基础上，测算施工项目成本计划总支出，并按管理岗位将施工项目成本计划总支出分解成若干个分项指标。与相关管理岗位的人员或者负责人商量、落实、签订项目的岗位成本责任控制指标、考核方法和奖罚方法。

2) 成本会计或成本员。成本会计或成本员对施工项目成本核算的准确性、时效性和项目现场经费的开支承担责任。成本会计要按企业规定的方法正确开展项目成本核算，按规定的程序收付款项，保证款项支付的合规、真实和准确。一方面，在项目成本的现场经费的总额内，实施分清耗费对象的项目现场经费控制；另一方面，根据项目岗位成本考核对象，建立岗位成本的台账，按期组织项目岗位成本考核，岗位考核内容结束后，要立即组织汇总和反馈，为兑现和奖罚及时提供其实际耗费数据。

3) 合约人员。合约人员对项目的分包成本支出总额或价格承担责任。项目合约人员除了在项目成本核算中的责任外，对项目的分包成本支出承担责任。一般情况下，较大的分包行为由公司组织洽谈其单价和合同价，但此合同价对于公司而言，在与项目的成本责任合同中都给予了补偿，项目的主要工作是在其总量和总价范围内实施控制。这个责任往往是由项目的合约人员来完成的,特别是单价问题,以及配合施工员管理范围内的分包消耗数量管理。

在专业分包越来越多的情况下,分包成本的控制又往往具体落实到施工员或工长的头上,合约人员的责任就是与相关施工员一起,把分包成本控制在公司给予的额度内,而且在保证质量的前提下,成本支出越低越好。由于项目工长只能对其本责任范围内的分包成本进行把握,因而项目内众多分包成本的总控制就必须由合约人员完成。

合约人员对分包成本的控制主要是每个分包内容的单价、工日数和分包结算数,防止工长多签认分包费用、分包单价和分包工日数。控制基数就是项目分部分项岗位成本责任或岗位成本的额度,所以对于分包结算,合约人员在工长确认的基础上,进行审核并承担最后把关的责任。当然,对外分包结算由于是两个法人之间的行为,最终还需要到公司审定和确认,但就项目施工成本和岗位成本考核而言,合约人员对项目本身的分包成本也必须承担最后责任,并与每个岗位的施工员组成相应的责任主体。

4)材料人员。材料人员对项目材料管理、项目所采购的材料单价和项目租赁的周转料具总支出负责。材料人员(较大项目有几个材料人员时,则为材料负责人)要掌握项目总的各种材料的消耗量,以及工程施工过程中由于设计变更和工程签证而引起的材料计划消耗量的变化,并根据施工过程中的定额消耗,分析材料消耗的合理性,要根据项目的管理岗位的分工,分清各个工长和其他管理岗位,不同管理范围内材料的计划消耗和实际消耗以及其合理性。

5)劳资、统计人员。劳资、统计人员对各岗位考核成本的收入承担责任。由于项目施工过程中大都实行两层分离,项目没有很多的工人,即使有也只是一些专业技术工人。因此,实际工作中许多单位把劳资员与统计员的工作合在一块,由一人承担。统计人员在项目岗位成本考核工作中,重点要落实每个核算期内各个工长和各个岗位的岗位成本考核的收入,以便于成本会计计算各个岗位成本考核情况。另外,统计员在计算各个岗位的成本考核收入时,其整个项目岗位成本考核的总额应不得大于竣工后经调整的施工项目成本计划总支出。

6)机械管理员。机械管理员对租赁的机械设备和自有小型机械设备工具的耗费总额承担责任。在测定施工项目成本支出计划时,要根据专业分工情况计算出机械管理员的岗位成本考核范围和考核额度。一般情况下,机械管理员管理范围主要有对外租赁的机械设备、自有小型机械设备的可使用量和使用时间、施工用水电费的控制金额。

7)工长或施工员。工长或施工员对管理或责任范围的成本耗费的数量和质量承担责任。项目的工长或者施工员在项目的岗位成本考核过程中责任重大。工长的岗位成本考核内容主要是在其管理范围内的岗位成本收支考核,如钢筋混凝土工长,应根据其分部分项的各种预算消耗量,经商议确定其整个管理范围内的耗费控制总量,包括人工工日的消耗控制、钢材和混凝土的消耗控制总量、两大工具的占用时间、工期的控制时间等控制指标以及奖罚方法和奖罚额度。所以,工长的岗位成本考核是项目最基本的岗位成本考核。

8)电工。电工主要考核水电费的管理情况。要求目标成本内的水电费不得超支,或明确允许的开支限额。

9)木工组长。木工组长对木模板的消耗承担责任,工作范围有模板的验收、保管、使用和回收的管理。一般要求对模板使用质量和使用次数承担责任。通过减少模板损耗降低模板采购和摊销成本。一般情况下，模板可降耗5%以上。

10）钢筋组长。钢筋组长对钢筋的验收、下料、短钢筋的二次使用等承担责任。一般要求钢筋的耗用与定额消耗相比下降3%以上。

11）混凝土组长。混凝土组长对砂石料的验收、使用和保管承担责任。例如，混凝土施工不许高于设计标高的2%，与定额消耗相比要求实际消耗控制下降2%以上，并保证达到清水混凝土标准，不再进行下道找平抹灰工作等。

综合来看，每个管理者都有相应的管理责任。这里选择相关管理人员的岗位责任是做一些讨论。每个企业的管理都是有一定特点的，可以结合企业的先进经验，进行一些成功的岗位成本控制和考核探讨。表7-1列举了各岗位人员的岗位成本责任考核指标。

表7-1 岗位成本责任考核指标

项目名称：××××　　　　　　　　　　　　　　　　　　　　　　　　　（单位：元）

序号	岗位	姓名	责任成本	考核指标	岗位降低额	备注
1	项目经理	×××	322000	322000	0	分包成本
2	项目副经理	×××	542160	487944	54216	塔式起重机台班减10%
3	总工程师	×××	6648680	6644000	4680	钢材技术进步节余2.5%
4	合约负责人	×××	2120000	2110000	10000	临时设施减支10000元
5	会计负责人	×××	620000	590000	30000	排污20000元，业主10000元
6	材料负责人	×××	417152	396294	20858	周转料具租费降5%
7	机械负责人	×××	657840	603904	53936	各种机械用量减支
8	水电负责人	×××	117000	107000	10000	水电包干
9	土建施工员	×××	2677168	2661995	15173	经验数减支
10	安装施工员	×××	162000	129900	32100	经验收减成本2%
	合计		14284000	14053037	230963	

3. 项目岗位群体成本考核的方法

实际施工过程中经常会遇到一些问题，促使我们将以管理岗位为单一考核对象的考核延展到以消耗管理为对象的考核。例如，钢材消耗管理问题，一方面材料进入施工场地时，由门卫先行检查，进入工地后由保管员进行管理；另一方面由于钢材属于大宗材料不能入库，只能露天摆放，给验收和消耗管理责任区分带来了一定的难度（如钢材消耗是分包商来完成等），因此关于钢材的消耗管理就有一个责任群体问题。所以，我们应有这样的一个共识，项目施工过程中，任何成本消耗行为都是相关管理过程和管理行为的共同作用结果。其中，要有一个主要责任者负责进行组织、协调和牵头工作，同时将相关人员用经济责任连带起来形成责任群体，按各自的责任大小配以不同的责任系数，进行风险和奖励考核。

（1）按成本消耗对象明确主要责任岗位者　主要原则是要根据每个消耗对象确定管理岗位成本责任和相应的责任群体，这就改变了以管理人员的岗位定成本责任的方法。例如，钢材消耗控制主要由钢筋施工员作为主要责任者，项目小型或零星材料采购的主要责任者是项目材料采购员。

（2）区分管理责任大小，建立合理的考核责任　根据每个成本消耗对象所涉及的管理人员以及他们的责任大小，建立责任群体和相应的责任权数，即按责任大小设定主要责任者、次要责任者和一般责任者。严格地讲,任何一项管理行为涉及的范围是较广的,不可能界定得非常准确,所以只能根据成本消耗对象所涉及的直接责任者设计责任群体和考核方法。不同成本消耗的考核责任群体表见表 7-2。

表 7-2 不同成本消耗的考核责任群体表

序号	责任对象 (100%)	责任目标	主要责任者 (25%~40%)	次要责任者 (15%~30%)	一般责任者 (5%~10%)
1	钢材消耗		钢筋施工员	总工、生产副经理等	门卫、保管员等
2	木材、周转料具		模板施工员	总工、生产副经理等	门卫、保管员等
3	机械费用		生产副经理	机械员、总工	钢筋、模板施工员等
4	材料价差		项目经理	采购员、合约经理	成本会计、生产副经理等
5	水泥、砂石料		混凝土施工员	总工、生产副经理	质量员、门卫等
	合计				

(3) 实施合理的定期奖励 实施合理的定期奖励的岗位成本责任考核,宜采用节点考核的方法。具体做法如下:

1) 在项目责任成本测算前,根据施工过程,将施工项目分成若干阶段进行考核,可称为节点考核。

2) 通常将一个项目在土方施工结束、垫层施工前为第一个节点,将主体施工作为第二节点,项目主体量大的,可以将主体分为正负零以下和以上两个部分,工程后期的围护和粗装修工程作为第三或第四个节点考核。

3) 每个节点结束后,按照责任成本的收支情况和责任群体岗位成本考核完成情况进行部分兑现。

由于项目施工期长,施工过程的阶段考核兑现应及时进行,以免挫伤管理人员的积极性,但也不能全部兑现完毕,考虑工程的连续性和成本不可能做到精确的事实,采用先兑现一半,剩余部分待工程竣工后一并兑现。针对不同岗位责任群体的兑现,辅以节点阶段部分考核的方法,实现"责任明确、主次分清、共同管理、提倡合作、节点考核、竣工兑现"的目的。

(4) 建立多个利益主体协同管理的责任体系 项目的成本消耗是一个复杂的过程,消耗管理只有与使用者产生利益关联,成本控制才能落实到实处。

1) 周转料具的数量管理。由于施工场地大、工序穿插较多,从管理经验上看,钢管、扣件最易丢失,安全防护设施、竹木夹板最易损坏,而这部分主要使用者应是分包商。但由于分包商从事劳务分包,对料具的保管没有责任,所以许多企业的周转料具丢失严重,造成成本负担沉重。超过一定比例的丢失,就是管理手段和管理水平不高的具体表现。现在许多企业或项目将周转料具的保管责任交给模板施工的分包商,同时给一定的保管费用和维修费用,促使其认真管理、文明施工,减少损坏,同时企业和项目的效益也能得到保证。

2) 大宗材料的消耗控制。大宗材料主要是钢材、木材、水泥和砖、灰、砂石等材料。这些材料主要是露天堆放,即使是有库房,其库房由于施工的连续性也是敞开管理的,因此其消耗管理就变得较为困难。因此许多企业将这些材料的耗用节余与分包商挂钩,即发生材料消耗节余,将按一定比例,通常是四六或五五,与分包商进行节余分配,从而调动其管理的积极性。从实践上看,分包商对这些大宗材料从进场验收、消耗、出门等都参与了管理,甚至分包商也派出门卫协同管理,材料进出现场都由双方门卫或管理者共同签字。这样,通过效益和责任主体的共同管理、彼此制衡,实现企业控制消耗的管理目标。

7.4 施工项目成本绩效考核与激励

1. 施工项目成本绩效考核

在激烈的市场竞争下,随着工程量清单报价的施行,建筑施工企业作为传统的劳动密集型企业,其盈利空间逐渐缩小,加之工程让利、垫资施工,给建筑施工企业带来巨大的挑战。如何客观面对市场,加强自身成本控制的能力,成为各建筑施工企业面临的紧迫课题。推行施工项目成本管理过程绩效考核是建筑施工企业加强成本管理的需要,也是必然趋势,其前提是进行目标成本策划、指标分解。随着建筑施工企业向管理型、效益型企业的发展转变,管理过程绩效考核也越来越体现出其必要性和紧迫性,而成本管理绩效考核是绩效考核中的重中之重,是建筑施工企业生存的命脉。

(1) 制定绩效管理目标 绩效目标的设定是绩效管理的第一步。一个好的绩效目标既要满足具体、可衡量、可实现的要求,又要与企业的发展阶段、现实工作基础相符合。实践证明,只有有了明确的绩效目标,管理者才能明白怎样进行有效的管理,员工才会明白怎样做才能符合企业的要求和发展的需要。

确立绩效目标其实很简单,那就是企业管理者在明确的企业战略目标与任务的指导下,将需要项目经理、项目经理部、相关职能部门、员工做什么、改进什么、朝哪个方向努力等要求归纳出来,归纳的结果就是工程项目绩效管理的目标。

需要指出的是,在归纳绩效管理目标时,不仅要注意管理目标本身,还要关注整个管理过程;不仅要关注企业收益,也要关注企业的发展潜力。也就是说,各部门的目标应能体现该部门对企业总目标的贡献;各业务流程最终目标应能体现出该流程对企业总目标的支持;各岗位应承担的责任应能体现该岗位对流程的支持和企业总目标的贡献。

(2) 考核绩效管理指标 施工项目的绩效考核指的是企业法人层次对施工项目的考核、评价和审计。其中,项目考核、评价是由企业法人层次对施工项目的管理行为、管理水平及成果进行考核并做出评价。

施工项目绩效考核就是通过检查、记录项目管理的数据,对项目管理的数据进行处理、分析(即对项目的考核、评价),或鉴定项目的管理水平和成果。由此可见,施工项目绩效考核的过程就是全面地对过去的工作进行反思和总结,从中总结经验、吸取教训,以此不断地深化和规范施工项目的管理行为,为企业管理层提供经验和决策依据。

施工项目管理绩效是企业管理施工项目所取得的成绩和效益,需要用具体的指标来反映,即需要形成相应的评价指标体系。评价指标体系是评价项目管理工作的基础和核心,没有科学的评价指标体系,就没有评价工作的规范化和科学化。

(3) 建立绩效考核依据 施工项目评价必须有准确的、实事求是的管理数据,可量化的评价指标,客观、统一的评价尺度,严密科学的评价方法,奖罚分明的评价制度。评价的标准通常是企业的管理制度、各项规定以及项目经理承包合约中所规定的各项要求。日常的项目计划、目标、项目实施记录和最终完成情况等是施工项目评价的依据。因此,建立评价系统主要是通过对项目管理的结果（包括中间结果）进行评价，以此评价结论来反映项目管理主体的管理成效。建立评价系统最主要的指导思想如下：

1）管理施工项目的主体主要有企业的职能部门和项目经理部。由于他们在项目管理中的地位不同、管理权限不同，所以在制定评价指标时应按管理权限、管理部门分别制定，尤其要分清企业层次和项目经理部层次，以便于分别对企业层次和项目经理部进行考核和评价。

2）由于施工项目的一次性，再加上工程施工周期长，若事先定下一个目标，待项目完工后再进行检查评价，那么，这种评价只有考核的意义。因此，对施工项目的评价不仅要有对项目的最终评价指标，同时还要有动态评价指标。动态评价指标实质上指的是项目统计期的工作目标、施工项目固有特征的阶段性目标和国家、企业规定的需要检查的中间环节等项目运行过程中的评价指标。

3）不同的施工项目主体对施工项目的评价有不同的评价指标。例如，质量管理员认为只要项目质量达标了就可以，成本管理员认为只要工程成本降下来了就好；进度管理工程师认为进度评价是一项重要指标。诸如此类反映单一问题的单项评价指标固然重要，但是，只有综合指标才能反映工程项目的发展状态是否健康。再则，由于实现不同的工程目标所需要付出的代价是不同的，困难程度越大，达标目标所需付出的代价也越大。因此，考评时要结合客观条件的影响和考核对象的主观努力来综合评价管理绩效。也就是说，评价系统不仅要有能明确管理责任、反映单一部门的单一成效的评价指标，同时还要有综合指标。例如，项目实现的难易程度就是一个综合性非常强的评价指标。

施工项目管理的主体，完整地说，除企业和项目经理部外，还有发包方、业主和当地政府等。因此，评价系统不仅要注重对项目本身绩效的评价，同时还要对来自项目以外的意见进行评价，以此全面地反映项目管理的综合成效。一个施工项目不是靠一个人或一个组织部门就可以完成的，它需要靠组织内部的部门与部门、个人与个人以及部门和个人之间的相互支持和配合才能完成。因此，在进行施工项目评价时，应该把预料中的各工种、工序的衔接、配合列入施工项目的评价体系中。

4）建立施工项目评价数据库是建立企业层次管理工程项目评价系统的基础性工作。只有及时掌握了第一手的、真实的原始数据，项目评价工作才能有效进行。因此，应根据施工项目绩效管理的目的和范围，以及统一、简单、实用的原则，建立绩效管理数据库。一般来说，数据库系统应包括施工准备阶段的信息、项目实施阶段的信息和项目竣工后的信息。只有这样的数据库系统才能满足施工企业绩效管理的需要。

2. 绩效考核的辅导与沟通

绩效目标和考核指标体系设定后，企业管理者的主要任务就是要辅导项目经理、相关职能部门、员工提高管理和操作能力，实现绩效目标。

绩效辅导是绩效管理的一个关键环节，它贯穿于绩效管理过程的始终。实际上，绩效目标和考核指标的设定就是业绩考核辅导的开始。因此，企业管理者在绩效管理过程中应该做的工作是：分解绩效管理目标和考核指标，提供所需要的培训、必要的领导支持和智力帮助，了解各项目的绩效管理工作的进展情况以及所遇到的困难，及时沟通、协调解决绩效管理中的障碍。

特别需要注意的是，沟通是绩效辅导的重要方式之一，在整个绩效管理过程中是不可缺少的。沟通贵在坚持，沟通的主要方式可以是：定期（每月或每周）召开例会，相互交流工作情况，督促每个岗位、流程定期进行书面总结和报告；收集和记录绩效管理的行为或结果，关键事件或数据；当出现问题时，应根据绩效管理的要求进行专门的沟通和采取有效的改进措施。

3. 施工项目成本激励管理

为了增强责任成本考核的严肃性、公正性和有效性，应建立严格的责任成本考核奖惩制度，使责任成本考核制度化、经常化。激励是考核的延伸，根据责任成本预算的完成情况进行必要的奖惩，其目的是调动人们的积极性和创造性。责任成本的激励表现在事前、事中和事后。事前激励主要是在责任成本预算的制定阶段，为各责任中心确定先进合理的成本降低目标，起到目标激励作用。事中激励主要是在生产经营过程中根据各责任中心反馈的信息及时给予奖惩。激励的手段包括精神奖励和物质奖励，这两个方面互相配合，缺一不可。事后考核分析主要是建立完善企业各项考核指标体系和激励机制的过程。企业应当保证绩效评价指标体系和激励机制的科学、规范、合理，结合自身的实际情况，建立适应本企业的评价考核标准，推动企业又好又快发展。对于预算管理体系比较健全的企业，预算指标的完成情况是比较合理的考核标准，企业可以根据预算计划的完成情况对企业经营状况、员工的工作成果进行分析、考核，制定激励计划。而对于没有推行全面预算管理的企业来说，就应当建立适合自身的考核指标体系，并在日常工作中注意数据的收集和分析，在真实数据的基础上，科学分析企业的经营状况、员工的工作效果，确保业绩考核工作的有效进行。

建立权责利相结合的奖励考核机制，是促进施工企业成本管理工作健康发展的动力，奖惩要及时兑现，不能延期兑现，该奖多少或罚多少，应不折不扣地按合同进行，从而使成本管理的好坏真正同个人的切身利益紧密结合起来，只有这样，成本管理才能管住、管好。奖励考核有以下几种方式：

（1）相对评价法

1）序列比较法。序列比较法是对按员工工作成绩的好坏进行排序考核的一种方法。在考核之前，首先要确定考核的模块，但是不确定要达到的工作标准。将相同职务的所有员工在同一考核模块中进行比较，根据他们的工作状况排列顺序，工作较好的排名在前，工作较差的排名在后。最后，将每位员工几个模块的排序数字相加，就是该员工的考核结果。总数越小，绩效考核成绩越好。

2）相对比较法。相对比较法是对员工的工作成绩进行两两比较，任何两位员工都要进行一次比较。两名员工比较之后，较好的员工记"1"，较差的员工记"0"。所有的员工相互比较完毕后，将每个人的得分相加，总分越高，绩效考核的成绩越好。

3）强制比例法。强制比例法是指根据被考核者的业绩，将被考核者按一定的比例分为几类（最好、较好、中等、较差、最差）进行考核的方法。

（2）绝对评价法

1）目标管理法。目标管理法是通过将组织的整体目标逐级分解直至个人目标，最后根据被考核人完成工作目标的情况来进行考核的一种绩效考核方法。在开始工作之前，考核人和被考核人应该对需要完成的工作内容、时间期限、考核的标准达成一致。在时间期限结束时，考核人根据被考核人的工作状况及原先制定的考核标准来进行考核。

2）关键绩效指标法。关键绩效指标法是以企业年度目标为依据，通过对员工工作绩效特征的分析，确定反映企业、部门和员工个人一定期限内综合业绩的关键性量化指标，并以此为基础进行绩效考核。

3）等级评估法。等级评估法是指根据工作分析，将被考核岗位的工作内容划分为相互独立的几个模块，在每个模块中用明确的语言描述完成该模块工作需要达到的工作标准，同时将标准分为几个等级选项，如"优、良、合格、不合格"等，考核人根据被考核人的实际工作表现，对每个模块的完成情况进行评估。总成绩便为该员工的考核成绩的一种方法。

4）平衡计分卡。平衡计分卡从企业的财务、顾客、内部业务过程、学习和成长四个角度进行评价，并根据战略的要求给予各指标不同的权重，实现对企业的综合测评，从而使得管理者能整体把握和控制企业，最终实现企业的战略目标。

(3) 描述法

1）全视角考核法。全视角考核法（360°考核法），即上级、同事、下属、自己和顾客对被考核者进行考核的一种考核方法。通过这种多维度的评价，综合不同评价者的意见，则可以得出一个全面、公正的评价。

2）重要事件法。重要事件法是指考核人在平时注意收集被考核人的"重要事件"（这里的重要事件是指那些会对部门的整体工作绩效产生积极或消极的重要影响的事件），对这些表现形成书面记录，根据这些书面记录进行整理和分析，最终形成考核结果的一种方法。

绩效定量管理法正是在不同的时期和不同的工作状况下，通过对数据的科学处理，及时、准确地考核，协调落实收入、能力、分配关系。

本 章 总 结

成本考核的目的在于鼓励先进、鞭策落后，促使管理者认真履行职责，加强成本管理。企业按施工项目成本目标责任制的有关规定，将成本的实际指标与计划、定额、预算进行对比和考核，评定施工项目成本计划的完成情况和各责任单位的业绩，并以此给以相应的奖励和处罚。通过成本考核，做到有奖有惩，奖罚分明，能有效地调动企业的每一个职工在各自的施工岗位上努力完成目标成本的积极性，为降低施工项目成本和增加企业的积累做出自己的贡献。

思考题及习题

7.1　什么是施工项目成本考核？
7.2　施工项目成本考核的依据是什么？
7.3　简述施工项目成本考核的原则。
7.4　施工项目成本考核的作用有哪些？
7.5　施工项目成本考核的内容有哪些？
7.6　施工项目成本考核的实施如何进行？
7.7　你怎样理解施工项目成本考核的绩效？
7.8　你是怎样理解施工项目成本考核的激励方法的？
7.9　如何把施工企业项目成本的考核管理好？

第 8 章
施工项目结算管理

8.1 工程价款预付与结算

工程价款结算是指承包商在工程中,依据承包合同中关于付款条款的规定和已经完成的工程量,按规定的程序向建设单位(业主)收取工程价款的一项经济活动。

1. 工程价款结算方式

(1) 按月结算与支付 按月结算与支付即实行按月支付进度款,竣工后结算的办法。合同工期在两个年度以上的工程,在年终进行工程盘点,办理年度结算。

(2) 竣工后一次结算 建设项目或单项工程全部建筑安装工程建设期在 12 个月以内,或者工程承包合同价值在 100 万元以下的,可以实行工程价款每月月中预支,竣工后一次结算的方式。

(3) 分段结算与支付 当年开工、当年不能竣工的工程按照工程形象进度划分不同阶段,支付工程进度款。当采用分段结算方式时,应在合同中约定具体的工程分段划分,付款周期应与计量周期一致。

2. 备料款与保修金

(1) 备料款预付与扣回 施工企业实行包工包料的工程,发包单位在开工前拨付给承包单位一定限额的工程预付备料款。此预付款用于施工企业为该工程储备主要材料、结构件所需的周转金。

1) 备料款的预付。确定预付备料款数额的原则,应是保证施工所需材料和构件的正常储备。原则上预付比例不低于合同金额(扣除暂列金额)的 10%,不高于合同金额(扣除暂列金额)的 30%,对于重大施工项目,应按年度工程计划逐年预付。实行工程量清单计价的工程,实体性消耗和非实体性消耗部分宜在合同中分别约定预付款比例(或金额)。

预付备料款的数额,一般是根据工期、年度建筑安装工作量、主要材料和构件费用占年度建筑安装工作量的比例,以及材料储备等因素确定。一般可按下式计算:

$$预付备料款数额 = (年度承包工程总价 \times 主要材料费比重)/年度施工天数 \times 材料储备天数 \tag{8-1}$$

一般建筑工程不应超过当年建筑工作量(包括水、电、暖)的 30%;安装工程按年度安装工作量的 10%,材料占比重较多的安装工程按年计划产值的 15% 左右拨付。

2）备料款的扣回。发包单位拨付给承包单位的备料款属于预支性质，随着工程的实施，所需主要材料的储备会逐渐减少，备料款应以抵充工程价款的方式陆续扣回，扣回的方法由双方在合同中约定。常见的备料款扣回方法有以下两种：

① 当未完工程尚需的主要材料及构件费等于备料款数额时起扣，从每次结算工程价款中，按材料费比重扣抵工程价款，竣工前全部扣清。

② 当承包方累计完成工作量金额达到合同总价的一定比例后，发包方从每次应付给承包方的工程款中扣回工程预付款，发包方至少应在合同规定的完工期前将预付款全部逐次扣回。

实际情况比较复杂，工期短、造价低的工程无须分期扣回；工期长、跨年度工程，当年可以扣回部分预付备料款，将未扣回部分转入次年，直到竣工年度全部扣回。

3）预付备料款起扣点。按第一种方法扣回备料款，起扣点计算表达公式为

$$T = P - M/N \tag{8-2}$$

式中　T——起扣点金额，即预付备料款开始扣回时的累计完成工作量金额；

M——预付备料款限额；

N——主要材料、构件费所占比重；

P——承包工程价款总额。

4）备料款扣款计算。按第一种方法扣回备料款，计算方法为

起扣当月扣款金额 =（起扣当月累计完成工程量金额 – 起扣点金额）× 主材费所占比重
$$\tag{8-3}$$

以后各月扣款金额 = 当月完成工程量金额 × 主材费所占比重 $\tag{8-4}$

【例 8-1】　某工程合同金额为 200 万元，合同工期为 5 个月，预付备料款为 30 万元，主材费所占比重为 60%，每月完成工程量为 40 万元，预付备料款如何扣回？

【解】　（1）编制每月完成工程量表（表 8-1）。

表 8-1　每月完成工程量表　　　　　　　　　　（单位：万元）

月份	第 1 个月	第 2 个月	第 3 个月	第 4 个月	第 5 个月
完成工程量	40	40	40	40	40

（2）计算预付款起扣点：

$$T = P - M/N = 200\ 万元 - 30\ 万元/60\% = 150\ 万元$$

即当累计完成工程量达到 150 万元时，起扣预付备料款。

（3）确定预付款扣回时间：

从表 8-1 推算得知，前 3 个月累计完成工程量为 120 万元，小于 150 万元，不扣预付款；前 4 个月累计完成工程量为 160 万元，大于 150 万元，所以应从第 4 个月开始扣预付款。

（4）计算扣款金额：

起扣当月扣款金额 =（160 – 150）万元 × 60% = 6 万元

第 5 个月扣预付金额 = 40 万元 × 60% = 24 万元或（30 – 6）万元 = 24 万元

预付款扣回时间及数额见表 8-2。

表 8-2　预付款扣回时间及数额　　　　　　　　　　（单位：万元）

月份	第1个月	第2个月	第3个月	第4个月	第5个月
完成工程量	40	40	40	40	40
扣预付款数额				6	24
进度款支付额	40	40	40	34	16

（2）保修金的预留与返还

1）工程保修金的预留。按照有关规定，施工项目合同总额中应预留出一定比例（约3%~5%）的尾留款作为质量保修费用（又称保修金），预留方法一般有以下两种：

① 当工程进度款拨付累计额达到该建筑安装工程造价的一定比例（95%~97%左右）时，停止支付，剩余部分作为保修金。

② 也可以从第一次支付工程进度款开始，在每次承包方应得的工程款中扣留投标书附录中规定的金额作为保修金，直至保留金总额达到投标书附录中规定的限额为止。

2）工程保修金的返还。发包人在质量保修期满后14天内将剩余保修金和利息返还给承包商。

（3）工程进度款的结算　施工合同示范文本关于工程款支付责任的约定：在确认计量结果后14天内，发包人应向承包人支付工程款。发包人超过约定的支付时间不支付工程款，承包人可向发包人发出要求付款的通知，若发包人接到承包人通知后仍不能按要求付款，可与承包人协商签订延期付款协议，经承包人同意后可延期支付。协议应明确延期支付的时间和从计量结果确认后第15天起计算应付款的贷款利息。发包人不按合同约定支付工程款，双方又未达成延期付款协议，导致施工无法进行的，承包人可停止施工，由发包人承担违约责任。

计算本期应支付承包人的工程进度款的款项计算内容包括：

1）经过确认核实的完成工程量对应工程量清单或报价单的相应价格计算应支付的工程款。

2）根据合同约定应补偿给承包人的调整款项，如设计变更、物价上涨调整等。

3）经工程师批准应支付的索赔款。

4）本期应扣回的工程预付款和预支款。

5）扣留保修金等。

（4）工程的竣工结算

1）竣工结算的含义及要求。工程竣工结算是指施工企业按照合同规定的内容和要求全部完成所承包的工程，经验收质量合格，向发包单位进行的最终工程价款清算的文件。施工合同示范文本规定：

① 工程竣工验收报告经发包方认可后28天内，承包方向发包方递交竣工结算报告及完整的结算资料，按合同约定的结算价款及调整内容，进行工程竣工结算。

② 发包方收到竣工结算报告及结算资料后28天内给予确认或者提出修改意见，确认后向承包方支付竣工结算价款。承包方收到竣工结算价款后14天内将竣工工程交付发包方。

③ 发包方收到竣工结算报告后28天内无正当理由不支付竣工结算价款的，承包方可以

催告发包方支付结算价款,且从第 29 天起按承包方同期向银行贷款利率支付拖欠工程价款的利息。自发包方收到竣工结算报告后 56 天内仍不支付的,承包方可以与发包方协议将该工程折价,或由承包方申请人民法院将该工程依法拍卖,承包方优先受偿拍卖的价款或折价款。

④ 工程竣工验收报告经发包方认可后 28 天内,承包方未能向发包方递交竣工结算报告,造成工程竣工结算不能正常进行或竣工结算价款不能及时支付,发包方要求交付工程的,承包方应当交付;发包方不要求交付工程的,承包方承担保管责任。

2) 竣工结算工程款的计算公式。办理工程价款竣工结算的一般公式为

竣工结算工程款 = 合同价款 + 合同价款调整额 - 预付及已结算工程款 - 保修金　　(8-5)

【例 8-2】　某工程承包合同总额为 600 万元,主材费占合同总额的 62.5%,预付备料款额度为 25%,当未完工程尚需的主材费等于预付款数额时起扣,从每次中间结算工程价款中按材料费比重抵扣工程价款。保修金为合同总额的 5%。实际施工中因设计变更和现场签证发生了 60 万元合同调增额,在竣工结算时支付。各月实际完成合同价值见表 8-3。试计算各月工程款结算额及竣工价款结算额。

表 8-3　实际完成合同价值　　　　　　　　　　　　　(单位:万元)

月份	1 月	2 月	3 月	4 月	5 月
工作量	80	120	180	180	40

【解】　(1) 预付备料款 = 600 万元 × 25% = 150 万元。

(2) 求预付备料款的起扣点。

当累计完成合同价值 = (600 - 150/62.5%) 万元 = 360 万元时,开始扣预付款。

(3) 一月完成合同价值 80 万元,结算 80 万元。

(4) 二月完成合同价值 120 万元,结算 120 万元,累计结算工程款 200 万元。

(5) 三月完成合同价值 180 万元,到三月份累计完成合同价值 380 万元,超过了预付备料款的起扣点。

三月份应扣预付款 = (380 - 360) 万元 × 62.5% = 12.5 万元

三月份结算工程款 = (180 - 12.5) 万元 = 167.5 万元,累计结算工程款 367.5 万元。

(6) 四月份完成合同价值 180 万元,应扣预付款 = 180 万元 × 62.5% = 112.5 万元。

四月份结算工程款 = (180 - 112.5) 万元 = 67.5 万元,累计结算工程款 435 万元。

(7) 五月份完成合同价值 40 万元,应扣预付款 = 40 万元 × 62.5% = 25 万元。

五月份本应扣保修金,但例中有足够的合同调增价可用来支付,故可以不扣保留金。如果变更发生时,在当月进度款中已支付过合同调增价,则仍应在最后一月进度款中预扣保留金。

五月份结算 = (40 - 25) 万元 = 15 万元,累计结算 450 万元,加上预付款后已支付总价款 600 万元。

(8) 保修金数额 = (600 + 60) 万元 × 5% = 33 万元

(9) 竣工结算价款 = 合同总价 - 已支付价款 - 保修金 = (660 - 600 - 33) 万元 = 27 万元

3. 工程价款动态结算

由于工程建设周期较长，人工、材料等价格经常会发生较大变化，为准确反映工程实际耗费，维护双方正当权益，可对工程价款进行动态结算。常用的动态结算方法如下：

（1）按实际价格结算法　这种方法是按主要材料的实际价格对原合同价进行调整，承包商可凭发票实报实销。这种方法的优点是简便具体，但建设单位承担的风险过大，为了避免副作用，造价管理部门要定期公布最高结算限价，同时合同文件中应规定建设单位有权要求承包商选择更廉价的供应来源。

（2）按主材计算价差　发包人在招标文件中列出需要调整价差的主要材料表及其基期价格（一般采用当时当地造价管理机构公布的信息价或结算价），工程竣工结算时按竣工当时当地造价管理机构公布的材料信息价或结算价，与招标文件中列出的基期价比较计算材料差价。

（3）主材按量计算价差　其他材料按系数计算价差　主要材料按施工图计算的用量和竣工当月当地造价管理机构公布的材料结算价与基价对比计算差价。其他材料按当地造价管理机构公布的竣工调价系数计算差价。

（4）竣工调价系数法　按工程造价管理机构公布的竣工调价系数及调价计算方法计算差价。

（5）调值公式法（又称动态结算公式法）　根据国际惯例，对建设工程已完成投资费用的结算一般采用此法。建安工程费用价格调值公式包括固定部分、材料部分和人工部分三项。

因人工、材料和设备等价格波动影响合同价格时，根据投标函附录中的价格指数和权重表约定的数据，按以下公式计算差额并调整合同价格：

$$\Delta P = P_0 \left[A + \left(B_1 \times \frac{F_{t1}}{F_{01}} + B_2 \times \frac{F_{t2}}{F_{02}} + B_3 \times \frac{F_{t3}}{F_{03}} + \cdots + B_n \times \frac{F_{tn}}{F_{0n}} \right) - 1 \right] \quad (8-6)$$

式中　　　　ΔP——需调整的价格差额；

P_0——约定的付款证书中承包人应得到的已完成工程量的金额，此项金额应不包括价格调整、质量保证金的扣留和支付、预付款的支付和扣回，约定的变更及其他金额已按现行价格计价的，也不计在内；

A——定值权重（即不调部分的权重）；

B_1，B_2，B_3，$\cdots$，B_n——各可调因子的变值权重（即可调部分的权重），为各可调因子在投标函投标总报价中所占的比例；

F_{t1}，F_{t2}，F_{t3}，$\cdots$，F_{tn}——各可调因子的现行价格指数，指约定的付款证书相关周期最后一天的前42天的各可调因子的价格指数；

F_{01}，F_{02}，F_{03}，$\cdots$，F_{0n}——各可调因子的基本价格指数，指基准日期的各可调因子的价格指数。

以上价格调整公式中的各可调因子、定值和变值权重，以及基本价格指数及其来源在投标函附录价格指数和权重表中约定。价格指数应首先采用有关部门提供的价格指数，缺乏上述价格指数时，可采用有关部门提供的价格代替。

8.2 施工项目的工程索赔

1. 工程索赔的概念及特征

工程索赔是指在合同履行过程中,合同当事人一方因非自身原因而遭受到经济损失或权利损害时,通过一定的合法程序向对方提出经济或时间补偿的要求。

1)索赔是双向的,承包人可以向发包人索赔,发包人也可以向承包人索赔。

2)提出索赔的前提条件是由于非己方原因造成的,且实际发生了经济损失或权利损害。

3)索赔是一种未经确认的单方行为,它与工程签证不同。签证是双方达成一致的补充协议,可以直接作为工程款结算的依据,而索赔必须通过确认后才能实现。

2. 索赔事件的产生原因

索赔事件产生的主要原因有:当事人违约;不可抗力事件;合同缺陷;合同变更;工程师指令;其他。

3. 索赔事件的处理原则

索赔是一种正当的权利要求,是合同履行过程中经常发生的正常现象。索赔的性质是一种补偿行为,而不是惩罚行为。实践证明,开展健康的索赔以及正确处理索赔事件具有重要意义。处理索赔事件的原则如下:

1)索赔必须以合同为依据。

2)必须注意资料的可靠性,缺乏支撑和佐证索赔事件的资料,索赔不能成立。

3)及时、合理地处理索赔。

4. 索赔处理程序及规定

施工合同示范文本中对索赔的程序和时间要求有明确而严格的限定。

1)递交索赔意向通知。承包人应在索赔事件发生后的 28 天内向工程师递交索赔意向通知,表明将对此事件提出索赔。如果超出这个期限,工程师和业主有权拒绝承包人的索赔要求。

2)递交索赔报告。索赔意向通知提交后的 28 天内,承包人应递交正式的索赔报告。如果索赔事件持续进行,承包人应当阶段性地提出索赔要求和证据资料,在索赔事件终了后 28 天内,报出最终索赔报告。

3)工程师审查索赔报告。工程师在收到承包人送交的索赔报告和有关资料后,于 28 天内给予答复,或要求承包人进一步补充索赔理由和证据。工程师在 28 天内未予答复或未对承包人做进一步要求,视为该项索赔已经认可。

4)工程师与承包人协商补偿办法,做出索赔处理决定。若协商无果,工程师有权确定一个他认为合理的价格作为最终处理意见报请业主批准并通知承包人。

5)发包人审查工程师的索赔处理报告,决定是否批准工程师的处理意见。索赔报告经业主批准后工程师即可签发有关证书。

6)承包商决定是否接受最终索赔处理。如果承包商接受最终的索赔处理决定,索赔事件的处理即告结束。如果承包商不同意,就会导致合同争议,可进一步通过协商、仲裁或诉讼解决。

承包人未能按合同履行自己的义务给发包人造成损失的，发包人也可按上述时限向承包人提出索赔。

5. 索赔费用的组成内容

不同的索赔事件可索赔的费用不同，施工单位提出索赔的费用一般包括以下几个：

（1）人工费　索赔费用中的人工费是指完成合同计划以外的额外工作所花费的人工费用，由于非承包商责任的劳动效率降低所增加的人工费用，超过法定工作时间加班劳动所花费的人工费用，以及法定人工费的增长等。

（2）材料费　材料费的索赔包括由于索赔事件导致材料实际用量超过计划用量和材料价格大幅度上涨。为了证明材料单价的上涨，承包商应提供可靠的订货单、采购单或官方公布的材料价格调整指数。

（3）施工机械使用费　施工机械的索赔包括由于索赔事件导致施工机械额外工作、工效降低而增加的机械使用费、机械窝工费及机械台班单价上涨费等。

（4）工地管理费　索赔款中的工地管理费是指承包商完成额外工程以及工期延长期间的现场管理费用。

（5）总部管理费　总部管理费是指由于索赔事件使施工企业为此而多支付的对该工程进行指导和管理的费用。

（6）利息　利息索赔通常包括：延时付款的利息、增加施工成本的利息、索赔款的利息、错误扣款的利息等。

（7）分包费　由于发包人的原因使得工程费用增加时，分包人可以提出索赔，但分包人的索赔应如数列入总包人的索赔款总额以内。

（8）保险费　由于发包人的原因导致工程延期的保险费。

（9）保函手续费　由于发包人的原因导致工程延期的保函手续费。

（10）利润　一般来说，由于工程范围的变更、业主未能提供现场等引起的索赔，承包商可以列入利润损失。由于利润包括在每项工程的价格之内，工程暂停并未导致利润减少。所以，工程师很难同意在工程暂停的费用索赔中加进利润损失。

6. 索赔费用的计算方法

索赔费用的计算方法通常有实际费用法、总费用法和修正总费用法。

（1）实际费用法　实际费用法是以承包商为某项索赔工作所支付的实际开支为根据，向业主要求费用补偿，是工程索赔计算时最常用的一种方法。

由于实际费用法所依据的是实际发生的成本记录，所以在施工过程中，系统而准确地积累记录资料是非常重要的。

（2）总费用法　总费用法是当发生多次索赔事件以后，重新计算出该施工项目的实际总费用，再从这个实际总费用中减去投标报价时的预算总费用，即为要求补偿的索赔费用。

$$索赔费用 = 实际总费用 - 投标报价预算费用 \tag{8-7}$$

在实际索赔工作中，总费用法采用得不多，因为实际发生的总费用中可能包括了由于承包商原因而增加的费用，且投标报价的预算费用因竞争中标而过低，会使索赔费用增加。

（3）修正总费用法　修正总费用法是在总费用计算的基础上，只计算受影响的某项工作所受的损失，并按受影响工作的实际单价重新核算投标报价费用。修正总费用法计算索赔金额的公式如下：

$$索赔金额 = 某项工作调整后的实际总费用 - 该项工作的报价费用 \quad (8-8)$$

修正总费用法比总费用法有了实质性的改进，它的准确程度已接近于实际费用法。

7. 工程索赔的案例分析

【例 8-3】 某工程于当年（基准年）3 月 1 日开工，第 2 年 3 月 12 日竣工验收合格。该工程供热系统于第 4 年 7 月（保修期已过）出现部分管道漏水，业主检查发现原施工单位所用管材与其向监理工程师报验的不符，全部更换这批供热管道需人民币 30 万元，并造成该工程部分项目停产损失人民币 20 万元。试分析业主可向承包商和监理单位提出哪些索赔要求。

【解】

（1）要求施工单位全部返工更换厂房供热管道。因为管道漏水是由于施工单位使用不合格管材造成的，应负责返工、修理，该工程不受保修期限制。

（2）要求施工单位赔偿停产损失计人民币 20 万元。按现行法律，工程质量不合格造成的损失应由责任方赔偿。

（3）要求监理公司对全部返工工程免费监理。因为依据现行法律法规，监理单位对施工单位的责任引起的损失不负连带赔偿责任，但应承担失职责任。

【例 8-4】 某综合楼施工项目合同价为 1750 万元，该工程签订的合同为可调值合同。合同报价日期为某年 3 月，合同工期为 12 个月，每季度结算一次。工程开工日期为当年 4 月 1 日。施工单位当年第四季度完成产值是 710 万元。工程人工费、材料费构成比例以及相关季度造价指数见表 8-4。

表 8-4 工程人工费、材料费构成比例以及相关季度造价指数

项 目	人工费	材料费						不可调值费用
		钢材	水泥	集料	砖	砂	木材	
比例	28%	18%	13%	7%	9%	4%	6%	15%
第 1 季度造价指数	100	100.8	102	93.6	100.2	95.4	93.4	
第 4 季度造价指数	116.8	100.6	110.5	95.6	98.9	93.7	95.5	

在施工过程中，发生了以下几项事件：

事件 1：当年 4 月，在基础开挖过程中，个别部位实际土质与给定地质资料不符造成施工费用增加 2.5 万元，相应工序持续时间增加了 4 天。

事件 2：当年 5 月施工单位为了保证施工质量，扩大基础底面，开挖量增加导致费用增加 3.0 万元，相应工序持续时间增加了 3 天。

事件 3：当年 7 月份，在主体砌筑工程中，因施工图设计有误，实际工程量增加导致费用增加 3.8 万元，相应工序持续时间增加了 2 天。

事件 4：当年 8 月份，进入雨期施工，恰逢 20 年一遇的大雨，造成停工损失 2.5 万元，工期增加了 4 天。

以上事件中，除第 4 项外，其余工序均未发生在关键线路上，并对总工期无影响。针对上述事件，施工单位提出增加合同工期 13 天和增加费用 11.8 万元的索赔要求。

【问题】

(1) 施工单位对施工过程中发生的以上事件可否索赔？为什么？

(2) 计算监理工程师当年第 4 季度应确定的工程结算款额。

(3) 如果在工程保修期间发生了由施工单位原因引起的屋顶漏水、墙面剥落等问题，业主在多次催促施工单位修理而施工单位一再拖延的情况下，另请其他施工单位维修，所发生的维修费用该如何处理？

【解】 (1) 施工单位对施工过程中发生的以上事件可否索赔的分析如下：

事件 1 费用索赔成立，因为业主提供的地质资料与实际情况不符是承包商不可预见的；工期不予延长，因为事件发生在非关键线路上。

事件 2 费用索赔和工期索赔均不成立，该工作属于承包商采取的质量保证措施。

事件 3 费用索赔成立，因为设计方案有误；工期不予延长，因为事件发生在非关键线路上。

事件 4 费用索赔不成立，因为异常气候条件的变化承包商不应得到费用补偿；工期可以延长，因为事件发生在关键线路上，且是非承包商原因引起的。

(2) 当年 4 季度监理工程师应批准的结算款额为：

P = 710 万元(0.15 + 0.28 × 116.8/100.0 + 0.18 × 100.6/100.8 + 0.13 × 110.5/102.0 + 0.07 × 95.6/93.6 + 0.09 × 98.9/100.2 + 0.04 × 93.7/95.4 + 0.06 × 95.5/93.4)

= 710 万元 × 1.058 = 751.18 万元

(3) 所发生的维修费应从乙方保修金中扣除。

本章总结

工程价款结算是指承包商在工程中，依据承包合同中关于付款条款的规定和已经完成的工程量，并按规定的程序向建设单位（业主）收取工程价款的一项经济活动。工程保修金是按照有关规定，从施工项目合同总额中预留一定比例（约 3%～5%）的尾留款作为质量保修费用（又称保留金）。工程索赔是指在合同履行过程中，合同当事人一方因非自身原因而遭受到经济损失或权利损害时，通过一定的合法程序向对方提出经济或时间补偿的要求。

施工项目成本管理应包含工程价款结算、工程保修金与工程索赔管理，这也是施工企业获得合法收入的渠道之一，应引起足够重视。

思考题及习题

8.1 某业主与承包商签订了某建筑安装工程施工总承包合同，合同总价为 2000 万元。工期为 1 年，主要材料及构件费比重占 60%。承包合同规定：

(1) 业主向承包商支付当年合同价 25% 的工程预付款，预付款从未施工工程尚需的主要材料及构配件价值相当于工程预付款时起扣，每月以抵充工程款的方式陆续收回。

(2) 工程质量保修金为合同总价的 3%，业主每月从承包商的工程款中按 3% 的比例扣留。在保修期满后，保修金及其利息扣除已支出费用后的剩余部分退还给承包商。

(3) 除设计变更和其他不可抗力因素外，合同总价不做调整。

(4) 由业主直接提供的材料和设备应在发生当月的工程款中扣回其费用。

承包商各月完成的建安工作量及业主直接提供的材料、设备价值见表 8-5。

表8-5 建安工作量及业主直接提供的材料、设备价值 （单位：万元）

月份	1~6月	7月	8月	9月	10月	11月	12月
计划完成建安工作量	900	200	200	200	190	190	120
实际完成建安工作量	900	180	220	205	195	180	120
业主直供材料设备价值	90	35	24	10	20	10	5

【问题】（1）计算工程预付款的额度。

（2）计算工程预付款的起扣点。

（3）监理工程师各月应签证的工程款是多少？应签发付款凭证的金额是多少？

8.2 某土建工程合同规定结算款为100万元，合同原始报价日期是2016年5月，工程于2017年3月建成交付使用。根据表8-6中所列工程人工费、材料费构成比例以及有关造价指数，计算工程实际结算款。

表8-6 工程人工费、材料费构成比例以及有关造价指数

项目	人工费	钢材	水泥	集料	红砖	砂	木材	不可调值费用
比例	45%	11%	11%	5%	6%	3%	4%	15%
5月指数	100	100.8	102.0	93.6	100.2	95.4	93.4	
3月指数	110.11	98.0	112.9	95.9	98.9	91.1	117.9	

8.3 某快速干道工程，工程开竣工时间分别为当年4月1日和9月30日。业主根据该工程的特点及项目构成情况，将工程分为三个标段。其中第Ⅲ标段造价为4150万元，第Ⅲ标段的预制构件由甲方提供（直接委托构件厂生产）。

（1）A监理公司承担了第Ⅲ标段的监理任务，委托监理合同中监理期限为190天，监理酬金为60万元。但实际上，由于非监理方导致监理时间延长了25天。经协商，业主同意支付由于时间延长而发生的附加工作报酬。

（2）第Ⅲ标段施工单位为C公司，业主与C公司在施工合同中约定：

① 开工前业主向C公司支付合同价25%的预付款，预付款从第3个月开始等额扣还，4个月扣完。

② 业主根据C公司完成的工作量（经监理工程师签认后）按月支付工程款，保留金额为合同总额的5%。保留金按每月产值的10%扣除，直到扣完为止。

③ 监理工程师签发的月付额凭证最低金额为300万元。

第Ⅲ标段每月生产值见表8-7。

表8-7 第Ⅲ标段每月生产值 （单位：万元）

产值\月份\单位	4月	5月	6月	7月	8月	9月
C公司	480	685	560	430	620	580
构件厂			275	340	180	

【问题】（1）请计算（1）中附加工作报酬（保留小数点后2位）。

（2）支付给C公司的工程预付款是多少？监理工程师在第4、6、7、8月底分别给公司实际签发的付款凭证金额是多少？

第 9 章
施工项目成本管理案例

9.1 项目工程概况

某医院综合楼土建工程（以下简称"本工程"）为某大学附属医院筹资建造，由省第一建筑工程公司（以下简称"一建司"）承包施工，一建司组建医院综合楼土建工程项目经理部（以下简称"项目部"）负责实施。

本工程合同工期380天，总造价为4039.38万元，其中土建部分造价为2539.38万元，安装部分造价为1500.00万元。

1. 建筑概述

1）本工程总建筑面积 10656.68 m^2，平面形状呈矩形，东西向长为 50.24m，南北向长为 30.24m，地下一层建筑面积 1541.12 m^2；地上 6 层，每层建筑面积 1519.26 m^2。

2）本工程建筑总高度 22.45m，地下室层高为 4.7m，首层层高为 4.2m，2~5 层层高为 3.6m，顶层层高为 3.9m。

3）本工程地处市区，占地面积约 2500 m^2，三边与现有建筑相邻，出入工地只能走北侧路大门。

2. 结构概述

1）本工程为钢筋混凝土框架结构。

2）工程采用混凝土钻孔灌注桩，桩径 800mm，共 119 根（另加 3 根试验桩）。

3）基础底板厚 450mm，底板埋深约 5.8m，承台厚度 1200~1500mm 不等。

4）工程混凝土标号：基础底板、地下室墙 C35，地下室柱梁板 C35，框架结构柱梁板 C35，水箱、水池为 C30，基础垫层 C10。

5）墙体材料：主要为轻质砂加气混凝土砌块，以专用黏结剂砌筑，部分采用轻钢龙骨石膏板墙体。

3. 承包合同

1）承包方式。各项作业实行"六包"，即包工、包料（甲供材料除外）、包安全、包质量、包工期、包文明施工。

2）质量标准。承包方施工的工程质量必须达到国家和省市的有关质量验收评定标准。工程质量必须达到"优质奖"，若达不到，结算按 30 元/m^2 罚款。

3）建设方（甲方）责任。
① 提供完整的施工图。若有项目增减变更，应提前3天书面通知承包方。
② 办妥、办齐与本工程所需的相关各项报批、甲供材料保险及报检等手续。
③ 提供"三通一平"条件。
④ 根据监理工程师认可的承包方施工方案、施工进度安排，协调各参建方的工作落实。
4）承包方（乙方）责任。
① 本工程合同签订后3天内，组织施工队伍进场。
② 做好文明施工各项工作，工地管理须达到市文明工地标准，若达不到，结算按10元/m^2罚款。
③ 其余约定以合同为准。
5）合同价款与支付条件。
① 合同价款为4039.38万元，结算按实际工程量及清单计价规则按实结算。
② 本工程土方外运包干单价为45元/m^3。
③ 工程预付款按合同价款的20%计算，在签订合同后3天内支付。
④ 工程进度款按月按双方核实的实物工程量支付，额度为90%，支付至合同价款的95%。工程预付款在当未完工程尚需的主要材料及构配件费等于备料款数额时起扣，从每次结算工程价中，按材料费比重扣抵工程价款，竣工前全部扣清。
⑤ 工程结算经审计后留合同价款的3%为质保金，余款一次付清。在竣工验收满1年后15天之内支付质保金的50%，另外50%在竣工验收满2年后15天之内支付完毕。
6）工期考核以合同工期为准，因乙方原因造成的竣工延误，每逾期1天按合同价款的万分之四罚款。

9.2 项目施工方案

1. 施工准备

（1）组织准备　本工程由一建司组建项目部选派公司内承建过大型工程的一级建造师担任项目经理和技术总工，并配备了专业齐全的项目部各岗位人员，包括项目副经理、项目经济师、施工员、质量员、安全员、标准员、材料员、机械员、劳务员、资料员。项目部下设技术部、工程部、材料设备部、质量安全部、计划预算财务部、综合办公室等部门。在土建工程、装饰工程、设备安装等子专业上配备由高级工程师担任的施工工长和专职质量员。

（2）技术准备
1）技术部负责组织工程技术人员认真会审施工图和学习有关设计文件，虚心听取设计人员的技术交底，熟悉图样内容，领会设计意图，了解各专业、各工种之间相互配合的关键所在。
2）工程部负责做好对施工队伍和劳务人员的技术交底，特别是对于特殊工艺的技术交底和施工技术研讨。组织力量针对本工程深化和完善施工组织设计和施工方案。
3）质量安全部负责收集齐全与本工程施工相关的标准、规范、规程、标准图集、技术资料和工具书。

4)材料设备部负责准备好度量器具及各种测量仪器和试验检测设备,并经合格的计量单位校验后才能应用到工程中。

5)计划预算财务部负责编制施工预算,做好成本预测、成本计划等项工作。

(3)物资组织

1)本工程各类材料用量大,公司对于本工程所需物资均优先安排,特别是钢筋和商品混凝土。

2)项目部需落实材料仓库储备量,以满足各工种全面施工要求。

3)模板选用组合钢模板,板模均选用七夹板。

4)外加工构件按设计图的规格、数量和施工进度要求提前安排加工。

(4)劳动力准备

1)现场一线操作人员优先选用长期与本公司合作的、关系良好的、安心稳定的施工作业班组。选用其他的劳务队伍要求劳动力素质好、人员充裕、专业配备齐全、能满足本工程的施工作业班组。

2)专业分包(指沉桩、围护等分项工程)队伍选定后,报经监理工程师审查并取得业主批准同意后才能进场施工。

2. 施工流程

(1)施工总体顺序

1)施工总工期控制为380天。

2)先进行工程桩及基坑围护桩施工,再进行井点降水、坑内支撑、土方开挖、基础结构和上部结构施工,最后进行屋面防水、内外装饰、水电风等安装施工。

3)砌体工程安排在主楼结构底层拆除支架、模板后进行。

4)立管安装在结构工程结束后开始。

5)待外墙施工完毕,脚手架拆除后进行室外工程施工。

(2)总体施工流程 本工程总体施工流程如图9-1所示。

3. 施工措施

(1)临时设施布置 本工程施工现场用彩钢板围墙与医院院区隔离,在南面设置大门出入;在本工程南侧搭设一栋二层临时用房作为办公用房;因现场场地狭小,现场不考虑住宿。

(2)垂直运输机械 本工程施工现场采用一台600kN·m塔式起重机,布置于建筑内部⑥~⑦轴线之间的电梯井内。采用一台75m高单笼施

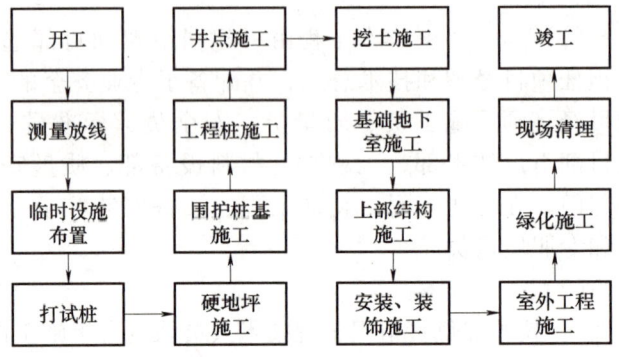

图9-1 工程总体施工流程

工电梯和一台井架,施工电梯布置于建筑物西北侧①~②轴线之间,在结构施工至4层时安装;井架在结构封顶塔式起重机拆除后,装饰施工开始时安装,布置在⑪~⑫轴线之间。

(3)材料堆放及加工场地布置 材料仓库设在场地的东北角,施工期间,模板、钢筋、砌体等各类材料堆放在场地的东侧及西北侧。

(4) 施工道路布置　本工程沿基坑东、西、北三侧浇筑混凝土便道，便道宽 4~5m。

(5) 施工用水布置　现场水管管网分两路，一路供生产用水，一路供生活用水。总管选用 $\phi50$ 镀锌管，加装一个水表。为保证大楼施工用水，考虑在底层设一台增压水泵。

(6) 施工用电布置　本工程施工用电量为 $250kV·A$，进线位置在工地的东侧，因而变配电室也设在工地的东侧。配电布置应将施工用电与办公用电分开，严格按《施工现场临时用电安全技术规范》实施。

(7) 现场消防布置　上部结构消防用水单独布置 $\phi50$ 水带，沿大楼结构垂直向上敷设，通过底层设增压水泵供水，隔两层设置 $\phi50$ 消防栓，并设置消防带，专人看护；并在各个消防关键部位安放一定数量的灭火器，定专人照管。

(8) 场容及现场标准化管理

1）设置安全通道及安全设施。以外墙落地脚手架外满挂密网作为第一道防护，沿建筑周边搭设安全通道。

2）设专人负责施工现场标准化管理，认真落实建设主管部门和有关文件的规定。

3）根据施工组织设计要求做好"三通一平"（路通、水通、电通、场地平整）及场容维护工作，并贯彻"先地下、后地上"的原则，做好上下水、电力、电信管线铺设。

4）按规范管理的要求设置好材料、成品、半成品、机械的位置，避免不必要的场内运输和二次搬运，提高劳动生产率。

5）做好现场的处理储存、堆放、中转管理，按现场平面图布置机械设备，加强对现场仓库、工具间的搭设、保安和防火管理。

6）施工现场实施落手清管理，由项目副经理负责落手清工作的执行检查、考核。

9.3　项目成本预测

1. 项目造价构成

本工程根据施工图预算进行总结分析，得到造价构成，见表 9-1。

表 9-1　本工程造价构成

分部工程	预算造价（万元）	占总造价比例（%）	施工安排
基坑围护工程	158	3.91	分包
土方工程	81.58	2.02	分包
灌注桩工程	152.54	3.78	分包
钢筋混凝土结构工程	732.8	18.14	自行施工
砌筑结构工程	288.58	7.14	分包
装饰工程	1125.88	27.87	分包
土建工程小计	2539.38	62.87	—
安装工程	1500	37.13	由安装公司施工
总造价	4039.38	100.00	—

2. 土建成本预测

（1）总造价成本预测

1）预测方法。采用专家会议法，公司召开由本公司的9位专业人员参加的预测会议，预测本工程的成本。

2）预测结果。土建工程预算总造价为2539.38万元，目标成本为2456.66万元，降低3.26%。

（2）自行施工钢筋混凝土结构工程成本预测

1）土建工程人工费成本预测见表9-2。

表9-2 土建工程人工费成本预测

序号	项目内容	预算收入（万元）	成本预测（万元）	数量（工日）	单价（元/工日）	差异额（±）（万元）
1	预算收入	54.50	—	8532	63.88	—
2	预测成本	—	73.95	—	—	+19.45
2.1	劳务队清包	—	70.33	8601	81.77	—
2.2	辅助用工（8%）	—	3.62	443	81.77	—
结论	人工费超支19.45万元，亏损原因主要是人工单价提高					

2）土建工程材料费成本预测见表9-3。

表9-3 土建工程材料费成本预测

序号	项目内容	预算收入（万元）	成本预测（万元）	数量/m³	单价（元/m³）	差异额（±）（万元）
1	材料费	226.43	172.02	—	—	−54.41
1.1	商品混凝土预算	226.43	—	5831.62	388.28	—
1.2	商品混凝土成本	—	172.02	4962.07	346.67	−54.41
结论	材料费盈利，主要原因是商品混凝土实际用量比预算少用869.55m³，单价下降41.61元/m³					

3）土建工程结构构件成本预测见表9-4。

表9-4 土建工程结构构件成本预测

序号	项目内容	预算收入（万元）	成本预测（万元）	数量/t	单价（元/t）	差异额（±）（万元）
1	结构构件	267.92	274.74	—	—	+6.82
1.1	成型钢筋预算	267.92	—	734.63	3647	—
1.2	成型钢筋成本	—	268.14	734.63	3650	+0.22
1.3	钢筋外加工	—	6.60	150.00	440	+6.60
结论	材料费超支，主要原因是钢筋单价上涨以及钢筋外加工增加了费用					

4）土建工程周转性材料成本预测见表9-5。

表 9-5　土建工程周转性材料成本预测

序号	项目内容	预算收入（万元）	成本预测（万元）	数量	单价	差异额（±）（万元）
1	周转性材料	38	—	—	—	+52.22
2	脚手架租赁	—	90.22			
结论		周转性材料费超支，主要原因是脚手架租赁费用提高				

5）土建工程机械使用费成本预测见表 9-6。

表 9-6　土建工程机械使用费成本预测

序号	项目内容	预算收入（万元）	成本预测（万元）	数量	单价	差异额（±）（万元）
1	机械使用	53.08	19.47	—	—	−33.61
1.1	塔式起重机租赁 1 台	—	12.23	—	—	—
1.2	井架吊租赁 2 台	—	2.70	—	—	—
1.3	其他机型租赁	—	4.54	—	—	—
结论		机械使用费盈利，主要原因是采用租赁减少了机械使用费支出				

6）土建工程其他直接费成本预测见表 9-7。

表 9-7　土建工程其他直接费成本预测

序号	项目内容	预算收入（万元）	成本预测（万元）	数量	单价	差异额（±）（万元）
1	其他直接费	4.51	6.00	—	—	+1.49
1.1	工具器具使用费	—	5.00	—	—	—
1.2	仪器检定	—	1.00	—	—	—
结论		其他直接费超支，主要原因是工具器具使用费增加				

7）土建工程施工间接费成本预测见表 9-8。

表 9-8　土建工程施工间接费成本预测

序号	项目内容	预算收入（万元）	成本预测（万元）	数量	单价	差异额（±）（万元）
1	施工间接费	138.87	180.69	—	—	+41.82
1.1	临时设施	11.27	80.00	—	—	+68.73
1.2	总包服务	—	40	—	—	+40
1.3	安装配合	75	—	—	—	−75
1.4	管理人员费用	52.6	60.69	—	—	+8.09
结论		施工间接费超支，主要原因是临时设施大幅增加，支付了总包服务费				

8）土建工程分包工程费成本预测见表 9-9。

表 9-9　土建工程分包工程费成本预测

序号	项目内容	预算收入（万元）	成本预测（万元）	数量	单价	差异额（±）（万元）
1	分包工程费	1697.24	1556.71	—		-140.53
1.1	围护工程少支	—	7.43	—		—
1.2	土方调价少支	—	15.32	—		—
1.3	桩基工程少支	—	56.99	—		—
1.4	砌筑工程少支	—	7.00	—		—
1.5	装饰工程少支	—	53.75	—		—
结论	分包工程费盈利，主要原因是支出减少					

9.4 项目成本计划

1. 目标成本确定

根据成本预测，确定本工程土建工程盈利目标为 30.07 万元，其成本计划见表 9-10。

表 9-10　土建工程成本计划表

项目内容	预算成本（元）	目标成本（元）	降低额（+）（元）超支额（-）（元）	降低率（%）占本项预算成本	降低率（%）占总预算成本
人工费	545031	739494	-194463	-35.68	-0.77
材料费	2264349	1720160	544189	24.03	2.14
结构件	2679163	2747400	-68237	-2.55	-0.27
周转材料费	380058	902228	-522170	-137.39	-2.06
机械使用费	530814	194694	336120	63.32	1.32
其他直接费	45074	60000	-14926	-33.11	-0.06
施工间接费	638737	1806853	-1168116	-182.88	-4.60
分包工程费	16972451	15567115	1405336	8.28	5.53
计划利润	386600	0	386600	0	0
税金	828673	828673	0	0	0
合同让利	-422679	0	-422679	0	0
总包服务费收入	545600				
合计	25393871	24566617	281654	-295.88	1.23

2. 不利因素分析

根据合同约定的条款和其他条件分析，本工程成本控制存在的不利因素可能有以下几个方面：

1) 工程预算总造价 4039.38 万元，其中钢筋混凝土结构工程为清包造价 732.8 万元。仅占总造价的 18.14%，相应地增加了单位固定成本（如临时设施、机械进退场费等）。

2) 项目让利 5.48%（钢筋混凝土结构工程 40.1574 万元）。

3) 尽管总工期为 380 天，但钢筋混凝土结构工程工期仅为 90 天，时间紧任务重。施工场地处于市中心,土方运输只能在夜间进行。工期一旦延误将面临罚款(每天金额为 15954 元)。

4)若工程质量达不到"优质奖"的标准,罚款金额为 34.38 万元。

5)施工场地处于市中心,近旁有医院,施工场地相对小,将在以下方面多支出费用:

① 钢筋外加工,多支出 6.6 万元。

② 工人的吃住外租场地,多支出 12 万元。

③ 三面紧临现有建筑和设施,需多支出搭建安全围栏费用。

6)人工费、材料费有上涨的趋势。

9.5 项目成本控制

1. 明确管理职责

根据项目成本管理的需要,工程项目实行成本目标包干承包责任制,明确项目管理岗位(或部门)的成本管理职责,见表 9-11。

表 9-11 项目管理岗位、部门成本管理职责

序号	项目管理岗位	成本管理职责
1	项目经理	1)主持编制项目总承包管理方案,确定项目管理的目标和方针 2)确定组织机构,配备专职人员,制定规章制度,明确岗位责任 3)做出项目管理决策 4)审批分包商的技术方案和管理方案 5)与业主、监理方保持经常的接触,解决随机出现的各种问题 6)积极处理好与项目所在地政府部门及相关部门的关系
2	项目副经理	1)全面负责管理现场的生产活动,合理调配劳动力资源 2)使项目的生产组织、生产管理和生产活动符合施工方案的实施要求 3)负责项目的安全生产活动,管理项目的安全管理组织体系 4)协调各分包商及作业班组的进度矛盾及现场作业面冲突 5)具体负责项目的进度管理 6)具体负责项目的标准化管理
3	项目总工	1)在项目经理领导下,具体主持项目质量管理保证体系的建立,并进行质量管理职能分配,落实质量责任制 2)审核各分包商的施工组织与施工方案,并协调各分包商之间的技术质量问题 3)与设计方、监理方保持经常沟通,保证设计方和监理方的要求与指令在各分包商中贯彻落实 4)组织技术骨干对本项目的关键技术难题进行科研攻关,及时组织技术人员解决施工中出现的技术问题 5)组织有关人员对进场材料、设备的质量进行监督、验收、认可
4	项目经济师	1)参与制定、贯彻项目质量目标和方针,并组织实施质量管理体系 2)负责项目合同管理,对合同谈判、合同签订及合同管理的全过程进行监督管理 3)负责管理项目预结算的编制工作,负责工程款并落实到位,审核支付分包的工程款 4)预测、分析工程总成本及阶段成本,确保工程项目的资金合理流转 5)负责对各类费用进行审核并进行支付控制

（续）

序号	项目管理岗位	成本管理职责
5	技术部	1）具体负责项目的技术管理工作，完成现场施工的验收、检查工作 2）在项目总工的领导下，负责编制施工大纲，并确保施工大纲符合工程实际的需要 3）对各分包商的施工方案进行审核检查，协调各分包商施工方案上的矛盾冲突 4）对各专业分包商的深化图进行审核协调，避免发生设计与施工的矛盾而造成不必要的返工 5）完成与项目有关的计量、试验工作 6）负责解决施工现场出现的技术问题，与业主、设计方、监理方协商解决有关技术问题 7）协助项目总工对关键技术难题进行科研攻关 8）按 ISO 标准管理文件，对项目计算资料进行系统化管理
6	工程部	1）有效、动态地对现场施工活动实施全方位、全过程管理 2）合理安排施工搭接，确保每道工序质量，最终形成优质的建筑产品 3）实施作业过程中的施工指导，确保工序管理点的顺利实施 4）协调各分包商的劳动力使用，合理调配劳动力资源，使工程施工有组织、按计划进行 5）有序地组织平面、立面的各种材料和设备的运输、堆放等工作 6）编制项目进度计划，确保进度计划科学管理，并随工程实际不断调整修正
7	材料设备部	1）按质量要求和施工方案，提供合格的机械设备和材料 2）强化原材料、半成品的质量管理，提高设备的完好率及使用率，杜绝设备带病运行 3）严格控制无质保文件和不符合技术规范指标的材料投入施工 4）实施现场管理标准化
8	质量安全部	1）按质量文件和合同要求，实施项目全过程的质量控制和检查、监督工作 2）负责对分部、分项工程及最终产品的检验，并参与最终产品的质量评定工作，独立行使施工过程的质量监督权力 3）负责项目的安全生产和现场的安全保卫工作 4）负责各种质量记录资料的填制、收集、立卷工作
9	计划预算财务部	1）具体实施项目的合同管理 2）负责编制项目预（结）算，并进行工程款的收取或支付 3）做好项目成本控制，合理组织资金流转 4）做好成本分析计算，为项目经理提供决策依据 5）组织进行经济类台账报表的记载、分析和上报工作
10	综合办公室	1）加强项目基础管理及内外协调工作，强化信息传递 2）做好对外联络工作，加强与当地政府、街道居委会的合作联系，做好对外接待、宣传工作 3）确立内部基础管理流程，制定岗位责任制，积累各类资料 4）做好施工现场的标准化管理工作 5）做好文件资料的收发、翻译与整理、立卷与移交工作

2. 成本控制措施

1）人工费除清包工程估点工 8％包干外，其余实行承包范围内人工费按现行定额一次性包干锁定。

2）周转性材料实行损耗赔偿包干（6 元/m²）。

3）内外墙砌筑、内外墙粉刷、细石混凝土地坪及外墙涂料等采用"双包"（包工、包料）形式。

4）减少木模自购套数，加强施工管理、提高回收和利旧率。

5）优化机械配置，用 2 台井架吊篮代替施工电梯。

6）钢筋混凝土结构和砌体结构"双包"，采用同一家施工队伍，减少工程扯皮，降低管理难度。

7）加强与业主的沟通、注重工程变更签证管理，及时收取工程款，提高资金回收率。

8）提高每一位管理人员的成本意识，确保成本目标的实现。

9.6 项目成本核算

1. 项目实际成本核算

本工程在完成土建工程施工后，对项目实际成本进行了核算，汇总情况见表 9-12。

表 9-12 土建工程实际成本构成

项目内容	预算成本（元）	计划成本（元）	实际成本（元）	实际与预算差（元）	实际与计划差（元）
人工费	545031	739494	853600	308569	114106
材料费	2264349	1720160	1839400	-424949	119240
结构件	2679163	2747400	2234300	-444863	-513100
周转材料费	380058	902228	666100	286042	-236128
机械使用费	530814	194694	250500	-280314	55806
其他直接费	45074	60000	36500	-8574	-23500
施工间接费	638737	1806853	1407700	768963	-399153
分包工程费	16972451	15567115	16147400	-825051	580285
计划利润	386600	0	0	-386600	0
税金	828673	828673	828673	0	0
合同让利	-422679	0	0	422679	0
总包服务费收入	545600	0	0	-545600	0
合计	25393853	24566617	24264173	-1129698	-302444

2. 项目成本盈亏分析

本工程土建部分项目预算成本 2539.3853 万元，实际成本 2426.4173 万元，实际成本与预算成本相比少支出（盈利）112.9698 万元，占预算收入的 4.45％。

计划成本 2456.6617 万元，实际成本与计划成本相比少支出 30.2444 万元，说明成本控制效果好,确定的成本控制目标(30.07万元)已经实现。

本工程土建工程项目成本控制效果及盈亏原因分析见表 9-13。

表 9-13 土建工程项目成本控制效果及盈亏原因分析

项目内容	节约率或超支率(%)		影响盈亏的主要因素
	占本项目预算	占总预算	
人工费	56.61	1.20	人工费单价调增
材料费	-18.77	-1.67	商品混凝土数量节约、进价降低
结构件	-16.60	-1.75	重点控制,有效减少了钢筋损耗
周转材料费	75.26	1.12	脚手架租赁费提高
机械使用费	-52.81	-1.10	商品混凝土搅拌站提供泵车,节约泵车费用
其他直接费	-19.02	-0.03	工具器具使用费增加
施工间接费	120.39	3.02	临时设施费用超支
分包工程费	-4.86	-3.24	分包多家比价,上下家结算分离
计划利润	-100.00	-1.52	此项无支出
税金	0.00	0.00	按规定交税
合同让利	-100.00	1.66	合同约定
总包服务费收入	-100.00	-2.15	此项无支出
合计		-4.44	成本控制效果好

9.7 成本管理总结

综上所述,本工程盈利可归纳为以下几点:
1) 加强了项目二次经营,注重工程变更的签证工作,结算时增加了预算外收入。
2) 通过总包管理,增收总包服务费来补偿总包管理而发生的费用支出。
3) 以目标成本管理为基础,加强成本过程控制,努力降低成本消耗。

参 考 文 献

[1] 安玉华. 施工项目成本管理 [M]. 北京：化学工业出版社，2010.
[2] 陈旭，闫文周. 工程项目管理 [M]. 北京：化学工业出版社，2011.
[3] 谢珊珊，张伟. 建筑工程项目管理 [M]. 杭州：浙江工商大学出版社，2016.
[4] 程静，杨嘉玲. 建筑业会计 [M]. 成都：西南交通大学出版社，2016.
[5] 马健敏，范光龙. 工程施工项目成本计划目标的确定与分解：以昆明市某截污干渠工程为例 [J]. 建筑经济，2018，39（8）：63-67.